Claus Gigl

Abi

kompaktWiss

Deuts

Prosa, Drama, Lyrik, Erörterung,
Kreatives Schreiben, Sprache

Klett Lerntraining

Claus Gigl ist Gymnasiallehrer für die Fächer Deutsch und Geschichte und Schulleiter eines bayerischen Gymnasiums. Er ist in der Lehrerausbildung und Lehrerfortbildung tätig. An der Ludwig-Maximilians-Universität München ist er Zweitprüfer für das Fach Deutsch.

Bibliografische Information der Deutschen Bibliothek
Die Deutsche Bibliothek verzeichnet diese Publikation in der Deutschen Nationalbibliografie; detaillierte bibliografische Daten sind im Internetüber http://dnb.ddb.de abrufbar.

Auflage 4. 3. 2. | 2012 2011 2010
Die letzten Zahlen bezeichnen jeweils die Auflage und das Jahr des Druckes.
Dieses Werk folgt der neuesten Rechtschreibung und Zeichensetzung. Ausnahmen bilden Texte, bei denen künstlerische, philologische oder lizenzrechtliche oder andere Gründe einer Änderung entgegenstehen.

www.klett.de/lernhilfen
Zeichnungen: Dr. Martin Lay, S. 208 nach Friedemann Schulz von Thun
Umschlaggestaltung: Know idea GmbH, Freiburg, mit Franziska Döhler
Satz: GreenTomato Süd GmbH, Stuttgart
Druck: AZ Druck und Datentechnik GmbH, Kempten
Printed in Germany
ISBN 978-3-12-929995-1

INHALT

INHALT

Vorwort

LIEBE ABITURIENTIN, LIEBER ABITURIENT,

in diesem Buch finden Sie alles, was Sie in der Oberstufe im Fach Deutsch wissen müssen.

Sie wollen schnell, gezielt und kompakt das Wichtigste lernen und sich optimal auf den Unterricht vorbereiten.

Dabei hilft Ihnen der **QUICK-FINDER**:

- Jedes Kapitel beginnt mit einer übersichtlichen Auflistung aller wesentlichen Themen.
- Prüfen Sie, ob Sie zu jedem Thema etwas sagen können.
- Wenn Sie zu einem Thema mehr wissen wollen, verweisen die Seitenzahlen auf den entsprechenden Abschnitt im Buch.
- Damit Sie den Abschnitt schneller finden, ist das Thema farbig markiert.

SPEZIALTHEMEN vertiefen besonders wichtige Aspekte, damit Sie im Unterricht punkten können.

Im **STICHWORTVERZEICHNIS** finden Sie zusätzlich alle wichtigen Lernbegriffe.

Viel Erfolg im Abitur wünscht Ihnen

Ihr Klett Lerntraining-Team

1 Prosa

Erzähler und Erzählerstandpunkt

QUICK-FINDER

Autor und Erzählerrolle

AUTOR Epische Texte sind literarische Texte und stellen keine private Äußerung des **Autors** oder **Schriftstellers** (oder der Autorin oder Schriftstellerin) dar. Darin gleichen sie allen anderen literarischen Texten. Zur Darstellung des Geschehens wird eine **Erzählerfigur** vorgeschoben, die die Gedanken des Autors ausdrücken kann, was aber nicht der Fall sein muss.

ERZÄHLER ist ein Kunstprodukt des Autors, der einen Standpunkt vertritt, den ihm dieser zugewiesen hat. So äußert der Erzähler die ihm zugeschriebenen Wertvorstellungen, Vorlieben, Abneigungen und möglicherweise auch Gefühle, Zustimmung zu den Handlungen anderer oder Ablehnung. Dabei vertreten die Erzählerfiguren oft gegenteilige Standpunkte als der Autor oder solche, die davon abweichen. Manchmal sind die Erzähler anderen Geschlechts als ihre Schöpfer: Weibliche Autoren erfinden männliche Erzähler (z. B. **Judith Hermann** in der Erzählung *Sonja* aus *Sommerhaus, später*), männliche Autoren weibliche (z. B. **Christoph Hein** in *Der fremde Freund / Drachenblut* die Ärztin Claudia). Selbst ein Ich-Erzähler darf nicht mit dem Autor gleichgesetzt werden.

AUTOR	ERZÄHLER
• eine real existierende Person • identisch mit dem Verfasser, Schriftsteller	• eine vom Autor erfundene Figur, wird oft namentlich nicht genannt

• entscheidet sich für eine Geschichte, einen Stoff, den er (oder sie) erzählen will • setzt eine Erzählerfigur ein, aus deren Perspektive diese Geschichte verfasst ist • drückt möglicherweise seine Wertvorstellungen, Gefühle, Vorlieben und Abneigungen in seiner Geschichte aus • Beispiel: Max Frisch als Autor des Romans *Homo faber*	• kann männlichen oder weiblichen Geschlechts sein, jung oder alt: Der Autor hat hierbei viele Freiheiten. • Bestandteil des Textes, gibt die Geschichte aus seiner Perspektive wieder • vertritt eigene Wertvorstellungen, Gefühle, Vorlieben und Abneigungen, die nicht mit denen des Autors gleichgesetzt werden dürfen • Beispiel: Walter Faber, der Ich-Erzähler in Max Frischs Roman *Homo faber*

WANDEL DER ERZÄHLERPOSITION Im 17., 18. und noch im 19. Jahrhundert existierte ein allgemein gültiger Wertekanon, der gesellschaftlich verbindlich war. Die Erzähler wussten sich also im Einklang oder im Widerspruch mit den allgemein akzeptierten Wertvorstellungen.

Im 20. Jahrhundert ist ein Wandel in der Rolle des Erzählers feststellbar: Da ein gesellschaftlich verbindlicher Wertekanon mehr und mehr obsolet geworden ist, drücken die Erzählerfiguren meist nur noch ihre persönliche Meinung – ohne Anspruch auf Allgemeingültigkeit – aus.

VERÄNDERTE SELBSTEINSCHÄTZUNG DER AUTOREN Dieser Wandel der Erzählerposition ist bedingt durch eine veränderte Selbsteinschätzung der Autoren: Kaum ein Schriftsteller sieht sich in unserer komplexen Welt noch in der Lage, allgemein gültige Werturteile abzugeben. Die ausschließlich positiv gezeichnete Hauptfigur, der Held, ist in der Literatur des 20. und 21. Jahrhunderts selten geworden; er kommt fast ausschließlich in der Massenliteratur vor. An seine Stelle ist die gebrochene Hauptfigur getreten, ein Mensch mit Schwächen und Fehlern. Bildungs- und Entwicklungsromane, die Hauptgattungen epischer Dichtung im 18. und 19. Jahrhundert, kommen im 20. Jahrhundert allenfalls als „Anti-Bildungs-“ und „Anti-Entwicklungsromane“ vor. Ein Beispiel dafür ist der Roman *Die Blechtrommel* von **Günter Grass**, in dem die Hauptfigur Oskar Matzerath mit drei Jahren beschließt, sein Wachstum und damit seine körperliche Entwicklung einzustellen und fortan die Welt aus Kinderaugen zu betrachten.

Erzählhaltung

AUTOR ENTSCHEIDET ÜBER DIE ERZÄHLHALTUNG Jede Erzählung ist aus einer Erzählhaltung geschrieben, für die sich der Autor aus ganz bestimmten Gründen entscheidet. Entweder er setzt einen Erzähler ein, der aus einer Ich-Perspektive schreibt, oder er lässt eine Figur in der dritten Person Singular (er, sie) zu Wort kommen.

ICH-PERSPEKTIVE Wählt der Autor die **Ich-Perspektive**, lässt er den Leser ganz unmittelbar an den eigenen Erlebnissen des Ich-Erzählers teilhaben. Er schränkt damit aber den Gesichtskreis des Erzählers ein; dieser sieht andere Figuren nur aus einer Außenperspektive, er kann nicht in sie hineinsehen, z. B. ihre Gedanken kennen und wiedergeben. Der Ich-Erzähler ist in der erzählten Welt beheimatet. Er kennt die Ereignisse und die Figuren, über die er berichtet, aus eigenem Erleben. Damit wirkt seine Darstellung authentisch, sie ist aber subjektiv gefärbt, da der Ich-Erzähler seine eigene Sicht der Dinge wiedergibt.

ER / SIE-PERSPEKTIVE Möglicherweise setzt der Autor einen **Er / Sie-Erzähler** ein. Dieser ist nicht in die erzählte Welt integriert, er steht außerhalb und beschreibt die Erlebnisse anderer. Er kann oft in die anderen Figuren hineinsehen und auch über deren Gedanken berichten. Der Er / Sie-Erzähler verfügt deshalb über einen weiteren Horizont als der Ich-Erzähler. Seine Darstellung ist zwar weniger von eigenem Erleben geprägt, aber objektiver und für den Leser oft glaubwürdiger.

ICH-ERZÄHLER	ER / SIE-ERZÄHLER
• 1. Person Singular • eigenständige Figur, die in der Welt der Erzählung greifbar ist	• 3. Person Singular • Erzählfigur, die zum Personal des Erzähltextes gehören kann, aber nicht muss

• Blickwinkel des Erzählers ist auf den eigenen Gesichtskreis beschränkt • andere Figuren werden aus einer Außenperspektive dargestellt (ihre Gefühle und Gedanken kann das Erzähler-Ich nur erahnen) „Schon seit Tagen war ich schwach gewesen, so schwach wie noch nie in meinem Leben. Jeder Schritt kostete mich Kraft. Wenn ich zu Hause oder in der Schule Treppen stieg, trugen mich meine Beine kaum. Ich mochte auch nicht essen." (**Bernhard Schlink**, *Der Vorleser*)	• wenn der Erzähler außerhalb des Textes steht, kann er u. U. aus einer „allwissenden" Perspektive selbst nur Gedachtes berichten (Innenperspektive) „Im achtzehnten Jahrhundert lebte in Frankreich ein Mann, der zu den genialsten und abscheulichsten Gestalten dieser an genialen und abscheulichen Gestalten nicht armen Epoche gehörte." (**Patrick Süskind**, *Das Parfum*)

Auktoriales, personales und neutrales Erzählverhalten

ERZÄHLVERHALTEN Bei der Beschreibung des Erzählverhaltens geht es nicht um die Beschreibung der Erzählperspektive. Egal, ob ein Ich- oder Er/Sie-Erzähler existiert, kann folgendes Erzählverhalten erkennbar sein:

ERZÄHLVERHALTEN	BESCHREIBUNG
auktorial	• ein vom Geschehen unabhängiger Erzähler, der kommentierend und wertend in die Handlung eingreift • „Damit haben wir unseren Mann glücklich nach Berlin gebracht. Er hat seinen Schwur getan, und es ist die Frage, ob wir nicht einfach aufhören sollen." (**Alfred Döblin**, *Berlin Alexanderplatz*)
personal	• der Erzähler steht scheinbar mitten im Geschehen, er nimmt die Sichtweise einer oder mehrerer Figuren ein • der Leser nimmt das Geschehen aus der Perspektive dieser Figur wahr • „An der Haltestelle Lothringer Straße sind eben eingestiegen in die 4 vier Leute, zwei ältliche Frauen, ein bekümmerter einfacher Mann und ein Junge mit Mütze und Ohrenklappe. Die beiden Frauen gehören zusammen, es ist Frau Plück und Frau Hoppe." (**Alfred Döblin**, *Berlin Alexanderplatz*)
neutral	• der Erzähler verzichtet auf jede individuelle Sichtweise, scheinbar objektive Wiedergabe der Geschehnisse • „Ein Herr in Hemdsärmeln kommt vom Billardtisch, tippt dem Jungen auf die Schulter: ‚Eine Partie?' Der Ältere für ihn: ‚Er hat einen Kinnhaken weg.' " (**Alfred Döblin**, *Berlin Alexanderplatz*)

ERZÄHLPERSPEKTIVE UND ERZÄHLVERHALTEN Der Autor schreibt den Text und steht somit außerhalb. Er setzt den Erzähler ein. Folgendes Schaubild veranschaulicht die Beziehungen zwischen Erzähler, Erzählperspektive und Erzählverhalten:

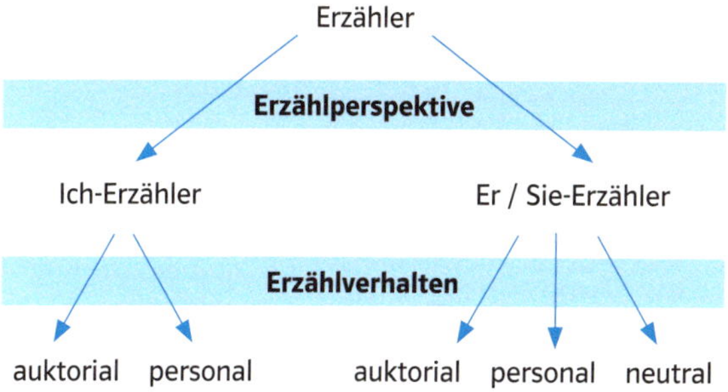

Erzählperspektive

INNENPERSPEKTIVE Wird eine Geschichte aus der **Innenperspektive** erzählt, sind Erzähler und Leser am Geschehen so nahe dran, dass möglicherweise jede Distanz zum dargebotenen Stoff fehlt. Gefühle und Empfindungen werden dadurch unmittelbar erfahrbar.

„Ah, da liegen ja die Zeitungen … schon heutige Zeitungen? … Ob schon was drinsteht? … Was denn? – Mir scheint, ich will nachseh'n, ob drinsteht, dass ich mich umgebracht hab'! Haha! – Warum steh' ich denn noch immer? … Setzen wir uns da zum Fenster …"
(**Arthur Schnitzler**, *Leutnant Gustl*)

AUSSENPERSPEKTIVE Die **Außenperspektive** beschreibt einen Standort, von dem der Leser – gelenkt durch die Erzähler-Figur – auf das Geschehen blickt. Dadurch ergibt sich eine Distanz zum Erzählten, die so groß sein kann, dass von der Geschichte, die erzählt werden soll, kaum noch die Rede ist, sondern z. B. Betrachtungen über das Erzählen und die damit verbundenen Schwierigkeiten angestellt werden.

„Indem ich die Feder ergreife, um in völliger Muße und Zurückgezogenheit – gesund übrigens, wenn auch müde, sehr müde (so daß ich wohl nur in kleinen Etappen und unter häufigem Ausruhen werde vorwärtsschreiten können), indem ich mich also anschicke, meine Geständnisse in der sauberen und gefälligen Handschrift, die mir eigen ist, dem geduldigen Papier anzuvertrauen, beschleicht mich das flüchtige Bedenken, ob ich diesem geistigen Unternehmen nach Vorbildung und Schule denn auch gewachsen bin."
(Thomas Mann, *Bekenntnisse des Hochstaplers Felix Krull*)

Erzählerrede und Figurenrede

SPRECHSITUATION Beim Lesen eines Dramas ist ganz klar, wer gerade spricht: Die Sprecher sind am Zeilenanfang zu Beginn ihrer Rede genannt. In erzählenden Werken ist die **Sprechsituation** nicht so einfach zu durchschauen. Es lässt sich jedoch das, was der Erzähler äußert, unterscheiden von dem, was die Figuren sagen.

ERZÄHLERREDE (oder Erzählerbericht) umfasst alle Äußerungen des Erzählers, z. B.

- **Bericht** als straffe Handlungswiedergabe:
  „Siebzehn Tage mußte Cotta an Bord der Trivia überstehen. Als er den Schoner an einem Aprilmorgen endlich verließ und sich auf der von Brechern blank gespülten Mole den Mauern von Tomi zuwandte, moosbewachsenen Mauern am Fuß der Steilküste, schwankte er so sehr, daß zwei Seeleute ihn lachend stützten und dann vor der Hafenmeisterei auf einem Haufen zerschlissenen Tauwerks zurückließen."
  (**Christoph Ransmayr**, *Die letzte Welt*)

- **Beschreibung** einer Person, eines Ortes, einer Sache oder einer Situation, während die Handlung scheinbar stillsteht:
  „Allsonntäglich saß der Bahnwärter Thiel in der Kirche zu Neu-Zittau, ausgenommen die Tage, an denen er Dienst hatte oder krank war und zu Bette lag. Im Verlaufe von zehn Jahren war er zweimal krank gewesen; das eine Mal infolge eines vom Tender einer Maschine während des Vorbeifahrens herabgefallenen Stückes Kohle, welches ihn getroffen und mit zerschmettertem Bein in den Bahngraben geschleudert hatte...".
  (**Gerhart Hauptmann**, *Bahnwärter Thiel*)

- **Szenische Darstellung** zur zeitdeckenden Wiedergabe von Handlung:
  „Es war einfach nicht die Zeit dafür. Fünf Tage mit dem Bus: Venedig, Florenz, Assisi. Für mich klang das alles wie Honolulu. Ich fragte Martin und Pit, wie sie denn darauf gekommen seien und woher überhaupt das Geld stamme und wie sie sich das vorstellten, eine illegale Reise zum zwanzigsten Hochzeitstag."
  (**Ingo Schulze**, *Simple Storys*)

- **Kommentar** zu allgemeinen Fragen:
  „Man kann eine Geschichte in der Mitte beginnen und vorwärts wie rückwärts kühn ausschreitend Verwirrung anstiften. Man kann sich modern geben, alle Zeiten, Entfernungen wegstreichen und hinterher verkünden lassen, man habe endlich und in letzter Stunde das Raum-Zeit-Problem gelöst."
  (**Günter Grass**, *Die Blechtrommel*)

- **Reflexion** zu allgemeinen Themen, wirkt wie eine Unterbrechung der Erzählung:
  „Zwei junge Männer musterten mich; sie rührten sich nicht, als ich ihnen zunickte. Rückwege sind leichter. Auf einem Balkon krähte ein Hahn."
  (**Adolf Muschg**, *Baiyun*)

FIGURENREDE umfasst alle Äußerungen und Gedanken der vorkommenden Figuren, z. B.

- **direkte Rede**, die oft durch Redeankündigung, Doppelpunkt und Anführungszeichen angekündigt wird:
  „Eben hatte sich Effi wieder erhoben, um abwechselnd nach links und rechts ihre turnerischen Drehungen zu machen, als die von ihrer Stickerei gerade wieder aufblickende Mama ihr zurief: 'Effi, eigentlich hättest du doch wohl Kunstreiterin werden müssen. Immer am Trapez, immer Tochter der Luft.' "
  (**Theodor Fontane**, *Effi Briest*)

- **indirekte Rede**, bei der der Erzähler die Äußerungen einer Figur unter Verwendung des Konjunktivs referiert:
  „Dem gemäß beruhigte der Prinz den Kohlhaas über den Verdacht, den man ihm, durch die Umstände notgedrungen,

in diesem Verhör habe äußern müssen; versicherte ihm, daß so lange er in Dresden wäre, die ihm erteilte Amnestie auf keine Weise gebrochen werden sollte."
(**Heinrich von Kleist**, *Michael Kohlhaas*)

- **erlebte Rede** (3. Person Singular, Präteritum, Indikativ, Hauptsatzwortstellung; grammatikalisch nicht vom Erzählerbericht zu unterscheiden):
„Sie setzte sich gegen die Kündigung nicht zur Wehr. Die einzigen, mit denen sie hätte sprechen können, waren ihre Genossen in der Redaktion. F. hatte sich nicht gemeldet. Sie wagte sich nicht schon wieder hin. Sie hatte ja begriffen, daß es eine 'geheime Sache' war."
(**Volker Braun**, *Unvollendete Geschichte*)

- **innerer Monolog** (1. Person Singular, Präsens, Indikativ):
„sie sagn, daß es nicht stimmt, daß MICK kommt und die Schdons rocho aber ICH weiß, daß es stimmt rochorepocho ICH hab MICK geschriebn und er kommt rochorepochopipoar"
(**Ulrich Plenzdorf**, *kein runter kein fern*)

- **Bewusstseinsstrom** (die Gedanken, Gefühle und Sinneseindrücke werden so genau wie möglich wiedergegeben. Grammatikalische und syntaktische Fehler werden deshalb beibehalten):
„Der Schweiß auf seiner Stirn! Die Angst, wieder! Und plötzlich rutscht ihm der Kopf weg. Bumm, Glockenzeichen, Aufstehn, 5 Uhr 30, 6 Uhr Aufschluß, bumm bumm, rasch noch die Jacke bürsten, wenn der Alte revidiert, heute kommt er nicht. Ich wer bald entlassen. Pst du, heut nacht ist eener ausgekniffen, Klose, das Seil hängt noch draußen über die Mauer, sie gehen mit Polizeihunde."
(**Alfred Döblin**, *Berlin Alexanderplatz*)

Komposition epischer Texte

QUICK-FINDER

Anordnung der Erzählphasen

ERZÄHLPHASEN Nicht alle Handlungsteile sind gleich wichtig. Die Autoren müssen genau abwägen, welche Episoden sie in den Vordergrund rücken und ausführlich darstellen und welche sie eher nebenbei behandeln.

CHRONOLOGISCHES ERZÄHLEN Die gleichgewichtige, **chronologische** Behandlung aller Erzählphasen führt zu einer linearen Struktur, bei der ein Ereignis (Episode) neben dem anderen steht. Folgendes Schema kann dies verdeutlichen:

Episode 1 → Episode 2 → Episode 3 → Episode 4 → usw.

Denkbar ist auch, dass ein Autor zum Zweck der Spannungssteigerung einzelne Episoden besonders hervorhebt, andere vernachlässigt, z. B.:

Episode 1 → fehlt → Episode 3 → Episode 4 → usw.

DISKONTINUIERLICHES ERZÄHLEN Auch ein diskontinuierliches Erzählen mit verdrehter Reihenfolge, also ein Abweichen von der Chronologie der Ereignisse, ist möglich:

Episode 1 → Episode 5 → Episode 3 → Episode 4 → usw.

WIRKUNG Durch die bewusste Anordnung der Erzählphasen kann ein Autor ganz besondere Wirkungen erzielen, z. B. Spannungssteigerung, Spannungsverzögerung, Vorwegnahme des Schlusses, Information des Lesers (im Gegensatz zur Information der Hauptfigur, etwa im Kriminalroman) usw. Mittel des diskontinuierlichen Erzählens sind Vorausdeutungen, Rückblenden, Einschübe oder Auslassungen.

Handlungsstränge

HAUPT- UND NEBENHANDLUNGEN In längeren Erzählungen und Romanen gibt es verschiedene Handlungsstränge. Diese können parallel nebeneinander herlaufen, sie können aber auch unterschiedliches Gewicht haben und deshalb vom Autor bevorzugt behandelt oder vorübergehend vernachlässigt werden. Wenn dies der Fall ist, spricht man von Haupt- und Nebenhandlungen.
Die Haupthandlung in **Max Frischs** Roman *Homo faber* ist die Liebesbeziehung von Walter Faber zu seiner (ihm unbekannten) Tochter Elisabeth, eine Nebenhandlung ist die Bekanntschaft mit Herbert Hencke. Dabei ist die Nebenhandlung nicht unwichtig, zeigt sie doch Fabers Desinteresse an seinen Mitmenschen, die er auf ihre Funktion (bei Herbert Hencke das Schachspielen) reduziert.

Kennzeichen von Haupt- und Nebenhandlungen:
- sie stehen meist in einem engen Verhältnis zueinander,
- erläutern die Nebenhandlungen die Haupthandlung,
- oft ermöglichen die Nebenhandlungen die Vorgänge der Haupthandlung,
- manchmal dienen Nebenhandlungen der Charakterisierung der Figuren,
- Nebenhandlungen können auch als **Kontrasthandlungen** gestaltet sein.

Zusammengehalten werden die einzelnen Handlungsstränge, Haupt- und Neben- oder Kontrasthandlungen oft durch eine Rahmenhandlung, besonders in Novellenzyklen (z. B. **Johann Wolfgang von Goethe**, *Die Unterhaltungen deutscher Ausgewanderten*).

VERKNÜPFUNGSTECHNIKEN Um die einzelnen Episoden sinnvoll aneinanderzuknüpfen, benutzen die Autoren verschiedene Techniken.

Möglich sind Verknüpfungen über:

- **die Hauptfigur, den Helden**: spielen in allen Handlungssträngen eine zentrale Rolle. Dies ist eine sehr häufige Verknüpfungstechnik (auch im Trivialroman), die oft schon aus dem Titel ersichtlich ist.
  Beispiel: **Karl May**, *Winnetou 1, Winnetou 2, Winnetou 3*
- ein **Leitmotiv**: Dabei handelt es sich um ein Motiv oder einen Motivkomplex, der in allen Teilen des Erzähltextes eine wichtige Rolle spielt.
  Beispiel: Der Tod in der Novelle *Tod in Venedig* von **Thomas Mann**.
- ein **Dingsymbol**: Dabei handelt es sich um ein Lebewesen oder eine Sache, die eine symbolische Wirkung besitzt und im Erzähltext immer wieder an zentralen Stellen auftaucht.
  Beispiel: Das Pferd (das für Flucht, Flucht aus dem Alltag, einen neuen Lebensabschnitt usw. steht) in **Martin Walsers** Novelle *Ein fliehendes Pferd*.
- Auch die **Montage** und **Collage** von Elementen, die die Handlung bestimmen, können als Mittel der Verknüpfung verstanden werden. Besonders im modernen Roman finden sie Verwendung.
  Beispiel: Das Großstadt-Motiv wird durch die Montage von Elementen, die für Großstädte typisch sind, auf immer neue Weise hervorgehoben, z. B. durch Zitate von Zeitungsschlagzeilen, durch Reklametexte, durch Annoncen oder durch Nennung von Straßennamen (z. B. in **Alfred Döblins** Roman *Berlin Alexanderplatz*)

Innere und äußere Handlung

ÄUSSERE HANDLUNG Bis zum Beginn des 20. Jahrhunderts stand die Darstellung der äußeren Handlung im Vordergrund.

EINFLUSS DER PSYCHOLOGIE Erst unter dem Einfluss der **Psychologie** begannen die Autoren, sich für die Tiefenstruktur eines literarischen Textes, d. h. für die Bewusstseinslage der Figuren, zu interessieren und diese zu beschreiben.

INNERE HANDLUNG Im Roman der Gegenwart schildern die Autoren die Vorgänge in den Figuren (Gedanken, Gefühle, Motivation für ihr Tun usw.), also die innere Handlung. Doch auch die äußere Handlung, das Geschehen, das dem Text Spannung verleiht, ist wichtig.

ÄUSSERE HANDLUNG	INNERE HANDLUNG
• Darstellung sichtbarer Vorgänge • Darstellung der Handlung, des Plots	• Darstellung der geistigen, seelischen und moralischen Entwicklung einer Figur • Darstellung des Themas, des Problems
• die Höhepunkte der inneren und der äußeren Handlung müssen nicht zusammenfallen • äußere und innere Handlung können sich ergänzen, gegenseitig erhellen oder im Kontrast zueinander stehen	

Besonders ausgeprägt ist die Darstellung der inneren Handlung z. B. in **Arthur Schnitzlers** Novelle *Leutnant Gustl* (1900): Nach einem Konzert kommt es zwischen Leutnant Gustl und dem Bäckermeister Habetswallner zu einer kurzen, hitzigen Auseinandersetzung, bei der der Bäckermeister Gustl beleidigt. In seiner Ehre verletzt und ohne die Möglichkeit „Satisfaktion" durch ein Duell zu fordern, sieht der Leutnant seinen Selbstmord als einzige Möglichkeit, nicht in „Schande" leben zu müssen.
Als Gustl von dem plötzlichen Herztod des Bäckers erfährt, empfindet er dies als „Mordsglück", da er weiterleben kann und seine Ehre vor der Gesellschaft unangetastet bleibt.
Schnitzler verwendet zur Darstellung der gedanklich-seelischen Vorgänge des Leutnants – seiner Befürchtungen, seiner Verzweiflung, schließlich seines Glücksgefühls – erstmals in der deutschen Literatur den **inneren Monolog**. Dieser ermöglicht eine vertiefte Innenschau unter Vernachlässigung der äußeren Handlung.

Figurendarstellung

QUICK-FINDER

Konzeption der Figuren

FIGUREN ALS GESCHÖPFE DES AUTORS Die Figuren eines Prosatextes werden vom Autor geschaffen bzw. mit einer Vielzahl von Eigenschaften ausgestattet. Bei der Untersuchung der Figuren muss der Frage nachgegangen werden: Wie sind diese Figuren angelegt, wie sind sie konzeptioniert? Folgende Unterscheidungen lassen sich treffen:

STATISCH ODER DYNAMISCH? Sind sie als Individuen angelegt, die sich im Verlauf der Handlung verändern? Sind die Figuren lern- und wandlungsfähig? Handelt es sich also um **statische** oder um **dynamische Persönlichkeiten**?

CHARAKTERE ODER TYPEN? Sind die Figuren mit vielen individuellen Eigenschaften ausgestattet oder sind sie auf wenige Merkmale reduziert? Handelt es sich um **komplexe Figuren** (Charaktere) oder um **Typen**?

GESCHLOSSENE ODER OFFENE FIGUREN? Sind die Verhaltensweisen der Figuren nachvollziehbar oder sind sie für den Leser überraschend? Handelt es sich also um **geschlossene** oder **offene Figuren**?

Charakterisierung

KENNZEICHEN DER FIGUREN Nicht alle Personen, die in einer Erzählung oder in einem Roman auftreten, wirken auf den Leser gleichermaßen sympathisch. Das liegt an den persönlichen Vorlieben des Lesers für bestimmte

Verhaltensweisen, eine bestimmte Lebenseinstellung oder das Aussehen von anderen. Es liegt auch daran, wie uns eine Figur nahegebracht, wie sie beschrieben, mit welchen Attributen sie ausgestattet, kurz, wie sie charakterisiert wird.
Die Charakterisierung einer Figur kann auf verschiedene Arten erfolgen:

DIREKTE CHARAKTERISIERUNG

- durch den Erzähler, der sie vorstellt, beschreibt, ihr Verhalten bewertet, ihre Beziehung zu anderen Figuren erläutert, ihre intellektuellen Fähigkeiten und ihre emotionalen Kräfte einschätzt usw.
  Beispiel:
  „Die Dauer der Vernehmungen ließ sich daraus erklären, dass Katharina Blum mit erstaunlicher Pedanterie jede einzelne Formulierung kontrollierte, sich jeden Satz, so wie er ins Protokoll aufgenommen wurde, vorlesen ließ. Z. B. die im letzten Abschnitt erwähnten Zudringlichkeiten waren erst als Zärtlichkeiten ins Protokoll eingegangen bzw. zunächst in der Fassung, ‚dass die Herren zärtlich wurden'; wogegen sich Katharina Blum empörte und energisch wehrte."
  (**Heinrich Böll**, *Die verlorene Ehre der Katharina Blum*)

- durch die Darstellung des Äußeren (Aussehen, Körperbau, Kleidung, Frisur, Gesamteindruck)
  Beispiel:
  „Denke dir einen großen breitschultrigen Mann mit einem unförmlich dicken Kopf, erdgelbem Gesicht, buschigen Augenbrauen, unter denen ein Paar grünliche Katzenaugen stechend hervorfunkeln, großer, starker über die Oberlippe gezogener Nase. Das schiefe Maul verzieht sich oft zum hämischen Lachen; dann werden auf den Backen ein paar

dunkelrote Flecke sichtbar und ein seltsam zischender Ton fährt durch die zusammengekniffenen Zähne."
(**E. T. A. Hoffmann**, *Der Sandmann*)

- durch andere Figuren, die über sie sprechen, sie loben, kritisieren, mit anderen vergleichen, bewerten, ihre Verhaltensweisen nachahmen, ihre Gefühle respektieren bzw. ignorieren usw.
  Beispiel:
  „So erschrak ich, als ich Merope sah. Dass sie wortlos neben König Kreon saß, dass sie ihn zu hassen, er sie zu fürchten schien, das konnte jeder sehen, der Augen im Kopf hatte."
  (**Christa Wolf**, *Medea. Stimmen*)

- durch Selbstäußerungen – entweder in Worten oder durch Gedankenwiedergabe (z. B. durch inneren Monolog oder Bewusstseinsstrom)
  Beispiel:
  „Ich habe mich schon oft gefragt, was die Leute eigentlich meinen, wenn sie von Erlebnis reden. Ich bin Techniker und gewohnt, die Dinge zu sehen, wie sie sind. Ich sehe alles, wovon sie reden, sehr genau; ich bin ja nicht blind. Ich sehe den Mond über der Wüste von Tamaulipas – klarer als je, mag sein, aber eine errechenbare Masse, die um unseren Planeten kreist, eine Sache der Gravitation, interessant, aber wieso ein Erlebnis?" (**Max Frisch**, *Homo faber*)

INDIREKTE CHARAKTERISIERUNG

- durch die Beschreibung ihres Verhaltens
  Beispiel:
  „Der Wanderer nahm schnell seine Mütze vom Kopf und machte ehrfurchtsvolle, ja furchtsame Verbeugungen, von Rot übergossen. Denn eine neue Wendung war eingetreten,

ein Fräulein beschritt den Schauplatz der Ereignisse. Doch schadete ihm seine Blödigkeit und übergroße Ehrerbietung nichts bei der Dame; im Gegenteil, die Schüchternheit, Demut und Ehrerbietung eines so vornehmen und interessierten Edelmannes erschien ihr wahrhaft rührend, ja hinreißend." (**Gottfried Keller**, *Kleider machen Leute*)

- durch die Beschreibung besonderer Eigenheiten
  Beispiel:
  „Allsonntäglich saß der Bahnwärter Thiel in der Kirche zu Neu-Zittau, ausgenommen die Tage, an denen er Dienst hatte oder krank war und zu Bette lag. Im Verlaufe von zehn Jahren war er zweimal krank gewesen: das eine Mal infolge eines vom Tender einer Maschine während des Vorbeifahrens herabgefallenen Stückes Kohle, welches ihn getroffen und mit zerschmettertem Bein in den Bahngraben geschleudert hatte; das andere Mal einer Weinflasche wegen, die aus dem vorüberrasenden Schnellzuge mitten auf seine Brust geflogen war. Außer diesen beiden Unglücksfällen hatte nichts vermocht, ihn, sobald er frei war, von der Kirche fern zu halten." (**Gerhart Hauptmann**, *Bahnwärter Thiel*)

- durch die Charakterisierung durch andere Figuren
  Beispiel:
  „Das Rad an meines Vaters Mühle brauste und rauschte schon wieder recht lustig, der Schnee tröpfelte emsig vom Dache, die Sperlinge zwitscherten und tummelten sich dazwischen; ich saß auf der Türschwelle und wischte mir den Schlaf aus den Augen, mir war so recht wohl in dem warmen Sonnenscheine. Da trat der Vater aus dem Hause; er hatte schon seit Tagesanbruch in der Mühle rumort und die Schlafmütze schief auf dem Kopfe, der sagte zu mir: ‚Du Taugenichts! da sonnst du dich schon wieder und dehnst und

reckst dir die Knochen müde, und läßt mich alle Arbeit allein tun. Ich kann dich hier nicht länger füttern. Der Frühling ist vor der Türe, geh auch einmal hinaus in die Welt und erwirb dir selber dein Brot.' – ‚Nun', sagte ich, ‚wenn ich ein Taugenichts bin, so ist's gut, so will ich in die Welt gehen und mein Glück machen'."
(**Joseph von Eichendorff**, *Aus dem Leben eines Taugenichts*)

Figurenkonstellation

FIGUREN IM BEZIEHUNGSGEFLECHT Die Figuren in literarischen Texten stehen nicht isoliert da. Ähnlich wie Menschen im wirklichen Leben befinden sie sich in einem Geflecht von Beziehungen und Abhängigkeiten. Doch welche Beziehungen sind das? Das Schaubild kann dies verdeutlichen:

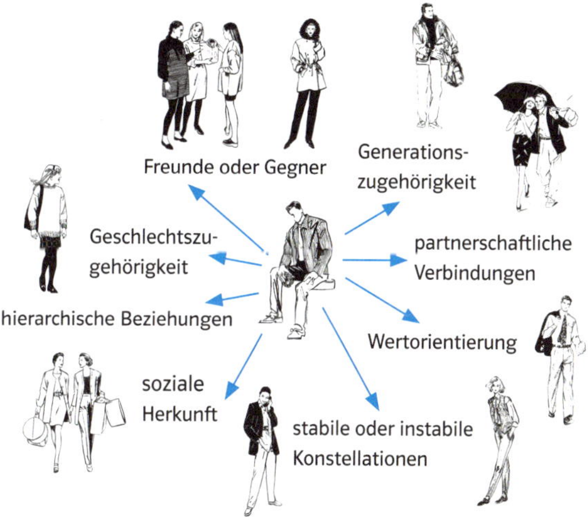

Figurenkonfiguration

VORKOMMEN IM TEXT Betrachtet man die Figuren unter dem Gesichtspunkt des gemeinsamen Vorkommens im Text, spricht man von Personenkonfiguration. Ändert sich die Konfiguration, hat man es meist mit einem neuen Sinnabschnitt oder einem neuen Kapitel zu tun.

KOMMUNIKATIONSSITUATION Die Konfiguration sagt viel über die Kommunikation in einem Prosatext aus. Figuren, die nie aufeinandertreffen, haben sich entweder nichts zu sagen (z. B. weil es sich um Nebenfiguren handelt, die untereinander gar nicht in Kommunikation treten sollen) oder sie werden vom Autor bewusst auseinandergehalten.

BEISPIEL:

Alfred Anderschs Roman *Sansibar oder der letzte Grund*
Die Kapitelübersicht zu Anderschs Roman zeigt die zentrale Funktion des Jungen:

Kapitel 1			Junge		
Kapitel 2		Gr			
Kapitel 3			Junge		
Kapitel 4				He	
Kapitel 5			Junge		
Kapitel 6	Kn				
Kapitel 7			Junge		
Kapitel 8					Ju
Kapitel 9			Junge		
Kapitel 10		Gr			

Kapitel 11			Junge		
Kapitel 12	Kn			He	
Kapitel 13			Junge		
Kapitel 14					Ju
Kapitel 15			Junge		
Kapitel 16		Gr			
Kapitel 17			Junge		
Kapitel 18	Kn	Gr			
Kapitel 19			Junge		
Kapitel 20	Kn	Gr		He	
Kapitel 21			Junge		
Kapitel 22	Kn	Gr			Ju
Kapitel 23			Junge		
Kapitel 24					Ju
Kapitel 25			Junge		
Kapitel 26	Kn	Gr			
Kapitel 27			Junge		
Kapitel 28				He	
Kapitel 29			Junge		
Kapitel 30		Gr		He	Ju
Kapitel 31			Junge		
Kapitel 32		Gr			Ju
Kapitel 33			Junge		
Kapitel 34	Kn	Gr			Ju
Kapitel 35			Junge		
Kapitel 36				He	
Kapitel 37			Junge		

Kn = Knudsen, Gr = Gregor, Junge = der Junge,
He = Pfarrer Helander, Ju = Judith

Zeit und Zeitgestaltung

QUICK-FINDER

Anfang und Schluss

ERZÄHLANFANG Jeder Text zeigt einen Ausschnitt aus der Wirklichkeit, die entweder real oder zumindest möglich ist. Doch dieser Ausschnitt kann nicht willkürlich gewählt werden, deshalb muss der Autor seine Geschichte konzipieren. Er muss einen passenden Anfang finden, der seinen Intentionen gerecht wird: Soll der Leser gefesselt oder überrascht, mit scheinbar Bekanntem oder mit völlig Neuem konfrontiert werden? Soll er erst langsam an die Handlung herangeführt werden oder soll der Text mitten im Geschehen einsetzen?

TYPISCHE ANFANGSSITUATIONEN	
Vorwort	„Dies ist ein aufrichtiges Buch, Leser, es warnt dich schon beim Eintritt, dass ich mir darin kein anderes Ende vorgesetzt habe als ein häusliches und privates …" (**Max Frisch**, *Montauk*)
Chronologische Entfaltung des Geschehens von seinem Anfang an	„John Franklin war schon zehn Jahre alt und noch immer so langsam, daß er keinen Ball fangen konnte. Er hielt für die anderen die Schnur." (**Sten Nadolny**, *Die Entdeckung der Langsamkeit*)

Einstieg mitten im Geschehen	„Wir kommen aus der Großen Stadt. Wir sind die ganze Nacht gereist. Unsere Mutter hat rote Augen. Sie trägt einen großen Karton und jeder von uns beiden einen kleinen Koffer mit seinen Kleidern, außerdem das große Wörterbuch unseres Vaters, das wir uns weitergeben, wenn unsere Arme müde sind." (**Agota Kristof**, *Das große Heft*)
Vom Ende der Geschichte her	„Zugegeben: ich bin Insasse einer Heil- und Pflegeanstalt, mein Pfleger beobachtet mich, läßt mich kaum aus dem Auge; denn in der Tür ist ein Guckloch, und meines Pflegers Auge ist von jenem Braun, welches mich, den Blauäugigen, nicht durchschauen kann." (**Günter Grass**, *Die Blechtrommel*)

SCHLUSS DER ERZÄHLUNG Ebenso sorgfältig wie der Anfang muss der Schluss eines Erzähltextes geplant werden; auf ihn fiebern viele Leser hin, er bleibt oft am längsten in Erinnerung.

TYPISCHE SCHLUSSSITUATIONEN	
Geschlossenes Ende	„Sie lächelte still und sah mich recht vergnügt und freundlich an, und von fern schallte immerfort die Musik herüber, und Leuchtkugeln flogen vom Schloß durch die stille Nacht über die Gärten, und die Donau rauschte dazwischen herauf – und es war alles, alles gut!" (**Joseph von Eichendorff**, *Aus dem Leben eines Taugenichts*)
Erwartetes Ende	„Hanna hat schon immer gewußt, daß ihr Kind sie einmal verlassen wird; aber auch Hanna hat nicht ahnen können, daß Sabeth auf dieser Reise gerade ihrem Vater begegnet, der alles zerstört – 08.05 Uhr Sie kommen." (**Max Frisch**, *Homo faber*)
Überraschendes Ende	„‚Wir können nicht mehr miteinander sprechen', sagte Herr K. zu einem Mann. ‚Warum?' fragte der erschrocken. ‚Ich bringe in Ihrer Gegenwart nichts Vernünftiges hervor!', beklagte sich Herr K. ‚Aber das macht mir doch nichts', tröstete ihn der andere. – ‚Das glaube ich', sagte Herr K. erbittert, ‚aber mir macht es etwas.'" (**Bertolt Brecht**, *Gespräche*)

Offenes Ende	„Es geht mir gut. Heute rief Mutter an, und ich versprach, bald vorbeizukommen. Mir geht es glänzend, sagte ich ihr … Ich habe einen hervorragenden Frauenarzt, schließlich bin ich Kollegin. Und ich würde, gegebenenfalls, in eine ausgezeichnete Klinik, in die beste aller möglichen Heilanstalten eingeliefert werden, ich wäre schließlich auch dann noch Kollegin … Alles was ich erreichen konnte, habe ich erreicht. Ich wüsste nichts, was mir fehlt. Ich habe es geschafft. Mir geht es gut." (**Christoph Hein**, *Der fremde Freund / Drachenblut*)

Erzählzeit und erzählte Zeit

DEFINITION Die **Erzählzeit** ist die Zeitspanne, die benötigt wird, um ein episches Werk zu lesen. Die **erzählte Zeit** umfasst die Dauer des Erzählten.

ZEITDECKENDES ERZÄHLEN Nur in Ausnahmefällen sind Erzählzeit und erzählte Zeit identisch; man spricht dann von zeitdeckendem Erzählen:

„Aus dem Haus tritt ein Mann. Er sagt, wer brüllt, kommt rein. Er geht in das Haus zurück. Die Tür fällt hinter ihm zu. Das kleinere Kind schreit. Der Mann erscheint wieder in der Haustür. Er sagt, komm rein. Na wirds bald. Du kommst rein. Nix. Wer brüllt, kommt rein. Komm rein."
(**Helga M. Novak**, *Schlittenfahren*)

Wie das Beispiel zeigt, ist zeitdeckendes Erzählen im Prinzip nur bei wörtlicher Rede möglich und daher in Prosatexten seltener als in dramatischen.

ZEITRAFFUNG Oft gibt es erhebliche Unterschiede zwischen der Erzählzeit und der erzählten Zeit. Häufig braucht der Rezipient nur wenige Minuten zum Lesen einer Handlung, die mehrere Stunden, Tage, Wochen oder Jahre umfasst:

„Effi konnte nicht weiterlesen; ihre Augen füllten sich mit Tränen, und nachdem sie vergeblich dagegen angekämpft hatte, brach sie zuletzt in heftiges Schluchzen und Weinen aus, darin sich ihr Herz erleichterte.
Nach einer halben Stunde klopfte es, und auf Effis 'Herein' erschien die Geheimrätin." (**Theodor Fontane**, *Effi Briest*)

Dieser Textausschnitt kann in ca. 30 Sekunden gelesen werden; er umfasst die Zeitspanne von über 30 Minuten. Fontane bedient sich dazu des Mittels der **Zeitraffung**, konkret des **Zeitsprungs**.

ZEITDEHNUNG Anders verhält es sich bei der Beschreibung von Personen, Gegenständen oder Örtlichkeiten. Was optisch auf einen Blick erfasst wird, muss in Texten so beschrieben werden, dass es für die Leser vorstellbar wird. In diesen Fällen spricht man von **Zeitdehnung**, die Erzählzeit ist größer als die erzählte Zeit:

„Beide hatten die Schulmappen über die Schultern gehängt, und beide waren sie gut und warm gekleidet; Hans in eine kurze Seemanns-Überjacke, über welcher auf Schultern und Rücken der breite, blaue Kragen seines Marineanzuges lag, und Tonio in einen grauen Gurtpaletot."
(**Thomas Mann**, *Tonio Kröger*)

DIE UNTERSUCHUNG DER ZEITSTRUKTUR eines Textes ist hilfreich, um zu erkennen, welche Elemente der Handlung dem Autor wichtig waren, welche er nur nebenbei behandelt und welche er ganz ausgelassen hat. Aber Vorsicht: Auslassungen deuten nicht unbedingt auf Unwichtiges hin – sie können ganz im Gegenteil ein Mittel der Spannungserzeugung sein. Dies ist oft in Kriminalromanen so, wenn der Leser nicht allzu schnell erkennen soll, wer der Täter ist.

Rückblick und Vorausdeutung

STEUERUNG DER LESERERWARTUNG Die Autoren steuern die Lesererwartung auch, indem sie von der chronologischen Erzählstruktur abweichen, etwa wenn sie Rückblenden und Vorausdeutungen als Stilmittel einsetzen.

VORAUSDEUTUNGEN können
- einen Ausblick auf den weiteren Handlungsverlauf geben,
- die Spannung des Lesers erhöhen oder
- den Blick des Lesers auf eine bestimmte Handlung lenken.

Beispiel für eine Vorausdeutung:
„Am Fuße der Alpen, bei Locarno im oberen Italien, befand sich ein altes, einem Marchese gehöriges Schloss, das man jetzt, wenn man vom St. Gotthard kommt, in Schutt und Trümmern liegen sieht …" (**Heinrich von Kleist**, *Das Bettelweib von Locarno*)

Aus dem ersten Satz von Kleists Erzählung geht schon hervor, dass das genannte Schloss inzwischen abge-

brannt ist. Der Leser wird neugierig und fragt sich:
- Warum ist das Schloss abgebrannt?
- Wodurch ist es abgebrannt?
- Wann ist es abgebrannt? Während der Erzählhandlung oder nachher?

RÜCKBLENDEN können
- ein früheres Geschehen nachtragen,
- durch Fokussierung die Handlung erläutern oder
- für das Verständnis des Textes bzw. die Textanalyse hilfreich sein.

Beispiel für eine Rückblende:
„Vergebens schickte sie Leute hinein, den Unglücklichen zu retten; er war auf die elendiglichste Weise bereits umgekommen, und noch jetzt liegen, von den Landleuten zusammengetragen, seine weißen Gebeine in dem Winkel des Zimmers, von welchem er das Bettelweib von Locarno hatte aufstehen heißen." (**Heinrich von Kleist**, *Das Bettelweib von Locarno*)

Diese Rückblende hilft die Erzählung zu verstehen: Sie stellt explizit den Zusammenhang zwischen dem Tod des Marchese und seiner Grobheit gegenüber der Alten dar, die er zwang, ihr Nachtlager zu verlassen.

Sprachliche Gestaltung von Zeit

DEFINITION Die **Gestaltung der Zeit** erfolgt nicht nur mit Hilfe der Organisation des Stoffes oder durch Techniken des Erzählens. Auch die sprachliche Gestaltung eines Textes kann für die Zeitgestaltung nutzbar gemacht werden.

SPRACHLICHE MITTEL DER ZEITGESTALTUNG	
adverbiale Bestimmungen	Antworten auf die Fragen wann? bis wann? seit wann? wie lange? wie oft? z. B. nachts, einen Monat, sommers, seit Monaten
(temporale) Konjunktionen	als, bevor, bis, da, dann, darauf, danach, ehe, eher, indes, nachdem, seit, seitdem, sobald, solange, sooft, unterdessen, vorher, während, (jedesmal) wenn, wie (als Ersatz für „als“ beim Präsens), zuvor
die Tempora des Verbs	• Gleichzeitigkeit (z. B. Als er kam, grüßte ich ihn.) • Vorzeitigkeit (z. B. Sobald die Uhr geschlagen hatte, kam er aus dem Haus.) • Nachzeitigkeit (z. B. Bevor du mir das nicht bewiesen hast, glaube ich es nicht.)

Raumgestaltung

QUICK-FINDER

Bedeutung des Raumes

ÄUSSERE RÄUME UND INNERE RÄUME Die Handlung eines epischen Textes ist immer in einem bestimmten Raum angesiedelt. Damit ist nicht nur der geografische Raum gemeint, der oft in der Realität verortet werden kann (z. B. Berlin als Raum der Handlung in **Döblins** Roman *Berlin Alexanderplatz*). „Raum“ ist hier in einem umfassenderen Sinn gemeint. Auch das gesellschaftliche Umfeld einer Figur, der soziale Raum, das Milieu sind gemeint, ebenso ihr Lebensraum, also Wohnung, Haus, Straße, Stadtviertel. Daneben gibt es auch innere Räume, Stimmungs- und Gedankenräume, in denen eine Person zu Hause ist oder die ihr verschlossen bleiben.

FUNKTION VON RÄUMEN Räumen kommt eine ganz spezifische Funktion zu: Sie charakterisieren eine Person, oft sind sie der Spiegel ihrer Existenz, oft der Auslöser für eine die Figur betreffende Handlung. Manchmal besitzen sie auch symbolische Bedeutung (z. B. das Esszimmer in **Birgit Vanderbekes** Erzählung *Das Muschelessen*, das die Abgeschlossenheit der Familie nach außen hin verdeutlicht).

Raumfunktionen

DEFINITION Räume sind in der Literatur nie Selbstzweck und nur selten von den Autoren ohne tiefere Bedeutung gewählt. Bei der Untersuchung von epischen Texten sollte man immer bedenken, dass es verschiedene Funktionen gibt, die die Örtlichkeiten erfüllen können.

Man unterscheidet:

HANDLUNGSRAUM Der Raum, der den Bedingungsrahmen für die Handlungen der Personen bildet.
Beispiel: Der Handlungsraum in **Alfred Anderschs** *Sansibar oder der letzte Grund* ist die Hafenstadt Rerik; das Geschehen, das in diesem Roman dargestellt wird, ist unmittelbar an diese Stadt und ihre Lage an der Ostsee gebunden.

LEBENSRAUM Der Raum, in dem sich die Figuren bewegen. Von ihrem Lebensraum sind die Figuren positiv oder negativ geprägt, möglicherweise sind sie dort aufgewachsen, haben dort Familie, Freunde und ihren Arbeitsplatz. Die Darstellung des Lebensraumes dient oft der Charakterisierung von Figuren.
Beispiel: Der Lebensraum der Ärztin Claudia in **Christoph Heins** Novelle *Der fremde Freund / Drachenblut* ist eine typische, nicht näher benannte mittelgroße Stadt in der DDR, die den Charakter der Hauptperson und ihre Verhaltensweisen prägt.

GEDANKENRAUM Der Raum, den der Autor oder seine Figuren durch ihre Wünsche, Träume oder Illusionen entstehen lassen. Gedankenräume haben oft irreale, fantastische oder märchenhafte Züge.
Beispiel: Die Stadt Tomi und ihr Umland in den Fantasien Nasos (**Christoph Ransmayr**, *Die letzte Welt*).

STIMMUNGSRAUM Der Raum, an den eine bestimmte die Handlung tragende Stimmung geknüpft ist.
Beispiel: Die Nordseeküste in **Theodor Storms** Novelle *Der Schimmelreiter*.

KONTRASTRAUM Ein Raum, der in inhaltlichem und assoziativem Gegensatz zu einem anderen steht.
Beispiel: Palenque und New York als Orte der Natur bzw. Zivilisation in **Max Frischs** Roman *Homo faber*.

SYMBOLRAUM Ein Raum mit einer symbolischen Bedeutung, die nicht mit seiner wirklichen Bedeutung identisch sein muss.
Beispiel: Das Venedig in **Thomas Manns** Novelle *Tod in Venedig* steht für Krankheit, Verfall und Tod.

Raummotive

MOTIVIK Räume können als Motive einzelner Texte verwendet werden, die durch ihr mehrmaliges Vorkommen bei den Lesern ganz bestimmte Assoziationen auslösen und ihnen das Verständnis eines Textes erleichtern (Beispiel: **Zoë Jenny**, *Das Blütenstaubzimmer*).

LITERARISCHE TRADITION Andere Raummotive gehören zum Motivvorrat der Literatur und sind in vielen Texten auffindbar. Ihre symbolische Bedeutung ist mehrdeutig und oft widersprüchlich. Häufige Beispiele sind:

RAUMMOTIV	SYMBOLISCHE BEDEUTUNG
Feld	Ort außerhalb der nahen Zivilisation, Rückzugsraum, Ort von Entscheidungen
Fenster	Begrenzung zwischen drinnen und draußen, Beengung und Freiheit, Sehnsucht nach Ferne und Unabhängigkeit

Garten	kultivierter Naturraum, natürlicher Ort in der von den Menschen veränderten Welt
Gebirge	Gewalt der vom Menschen unberührten Natur, Assoziationsraum für Freiheit und Entgrenzung
Haus, Wohnung	Geborgenheit, Enge
Meer	Gewalt der vom Menschen unberührten Natur, Assoziationsraum für Sehnsucht, Freiheit und Ungebundenheit
Schlachtfeld	Ort des Grauens, der Gewalt, der Entscheidung
(Groß-) Stadt	Zivilisation, Naturferne, Einsamkeit in der Menschenmenge, anonyme Bedrohung, Ort des Verbrechens, pulsierendes Leben
Wald	Zivilisationsferne, Einsamkeit, Ort der Bewährung und des Zu-sich-selbst-Findens

Epische Gattungen und Formen

QUICK-FINDER

Kleinere Formen

ANEKDOTE Die Anekdote ist eine kurze Erzählung, in deren Mittelpunkt ein besonderes Ereignis oder eine hervorstechende Eigenschaft einer bekannten Persönlichkeit steht. Die Anekdote nimmt oft eine überraschende, meist witzige Wendung, die man als Pointe bezeichnet. Anekdoten wollen informieren und zugleich unterhalten; sie wurden in geselligen Runden mündlich erzählt. Im Mittelpunkt stand eine allen bekannte Persönlichkeit, deren Charakter in prägnanter oder witziger Weise beleuchtet wurde und so die Neugier der Zuhörer befriedigte. Im 18. und 19. Jahrhundert wurde die Anekdote dann aufgeschrieben und so zu einer literarischen Gattung.
Bekannte Anekdotendichter sind **Johann Peter Hebel** und **Heinrich von Kleist**, die eigene Anekdotensammlungen veröffentlichten.

FABEL Die Fabel ist eine Form der Literatur, die es schon in der Antike gab. **Äsop** (um 550 v. Chr.) ist der älteste, noch heute bekannte Fabeldichter. Die Überlieferung besagt, dass er als griechischer Sklave seine Kritik nur in verdeckter Form äußern konnte. Äsop schrieb deshalb Tieren menschliche Eigenschaften zu: Die Tiere in seinen Fabeln verhalten sich wie Menschen, zeigen menschliche Gefühlsregungen und Verhaltensweisen und sie sprechen auch wie Menschen. Äsops Fabeln sind zweigeteilt. Im ersten Teil wird eine Begebenheit wiedergegeben, im zweiten Teil findet sich eine Lehre, die zusammenfasst, worauf es ankommt. Diese Lehre sollte die Leser dazu bringen, ihr eigenes Verhalten zu überdenken.
Die meisten Fabeln sind in erzählender Sprache geschrieben, es gibt aber auch Versfabeln.

An Äsops Fabeln orientierten sich alle Fabeldichter nach ihm bis in die heutige Zeit: **Phädrus, Jean de La Fontaine, Gotthold Ephraim Lessing, Bertolt Brecht, Reiner Kunze und Heinz Erhardt.**

KALENDERGESCHICHTE Kalendergeschichten sind ursprünglich in Hauskalendern für das ganze Jahr zu finden – im 15., 16. und 17. Jahrhundert meist der einzige Lesestoff für viele Menschen. Diese Jahreskalender informierten über kirchliche Festtage und Namenstage von Heiligen und gaben oft praktische Tipps: für den Landwirt, die Hausfrau und für das Verhalten im Alltag. Zur Unterhaltung und Belehrung der Leser waren kurze Geschichten eingefügt. Im Zeitalter der Aufklärung nutzten viele Autoren den Kalender als Medium, ihre Gedanken populär zu machen und die einfacheren Bevölkerungsschichten an ihren Ideen teilhaben zu lassen. Die Kalendergeschichte sollte nun die Leser zu moralisch anständigem Verhalten erziehen. Kalendergeschichten, die auch heute noch gelesen werden, stammen von **Johann Peter Hebel**. Sie wurden in seinem Werk „Schatzkästlein des Rheinischen Hausfreundes“ (1811) veröffentlicht. Im 20. Jahrhundert hat **Bertolt Brecht** eine Vielzahl von Kalendergeschichten veröffentlicht, die den Menschen ihre Schwächen deutlich machen sollen.

KURZGESCHICHTE Die Kurzgeschichte ist eine relativ kurze Prosaerzählung. Erst nach dem Zweiten Weltkrieg kam diese Gattung aus den USA nach Deutschland, wo sie sogleich von vielen Autoren der Kriegsgeneration aufgegriffen wurde.
In den USA gab es schon seit dem Ende des 19. Jahrhunderts die Form der kurzen Geschichten, sog. **short storys**.

Nach dem Ende des Zweiten Weltkriegs kam amerikanisches Gedankengut nach Deutschland, darunter auch die short story. Vorbildhaft wirkten die short storys von **Ernest Hemingway**. Deutsche Autoren der unmittelbaren Nachkriegszeit wie **Heinrich Böll, Wolfgang Borchert, Wolfdietrich Schnurre** und **Ilse Aichinger** griffen diese Form auf und schufen eine neue Literaturgattung: Die moderne deutsche Kurzgeschichte.

Die Kurzgeschichte entsprach den Bedürfnissen der Zeit nach 1945. Papier war knapp und wurde von den alliierten Besatzern rationiert; es war also sehr viel leichter, in Zeitungen kurze Geschichten zu publizieren, als umfangreiche Romane zu veröffentlichen. Dazu kommt die Stimmungslage in der Bevölkerung: Die Autoren waren vom Kriegsgeschehen ausgebrannt und nur selten in der Lage, umfassende Romane zu schreiben. Auch die lesende Bevölkerung, die mit dem Wiederaufbau Deutschlands beschäftigt war, las lieber kurze Texte als lange. So war der Zeitpunkt ideal für die Entstehung der neuen Gattung.

Die Kurzgeschichte hat einen geringen Umfang – oft nur eine oder zwei Druckseiten. Sie zeigt nur einen entscheidenden Ausschnitt (Schicksalsbruch) aus dem Leben des Protagonisten; Einleitung und Schluss fehlen meist. Die Handlung ist auf das Wesentliche beschränkt, der Leser bleibt oft verunsichert und ratlos zurück.
Kurzgeschichten der unmittelbaren Nachkriegszeit zeigen das Leben der Menschen im zerstörten Deutschland, ihre Situation als Kriegsheimkehrer oder – in der Rückblende – ihre Verhaltensweisen oder Erlebnisse im Krieg. Die Aufarbeitung der unmittelbaren Vergangenheit stand bei den frühen Kurzgeschichten im Vordergrund.

Neuere Kurzgeschichten thematisieren das Leben in der Bundesrepublik Deutschland und in der DDR und regen so eine individuelle Stellungnahme der Leser an.
Wichtig ist dabei, dass die Autoren der Kurzgeschichte keine Lösungen anbieten wollen (oder können). Ihr Ziel ist es, Probleme und Krisensituationen aufzuzeigen und literarisch zu gestalten.

Meist kommen in Kurzgeschichten nur wenige Personen vor. Diese sind keine herausragenden Charaktere, sondern als Durchschnittsmenschen, die sich an einem Wendepunkt ihres Lebens befinden, typisiert dargestellt. Die Hauptpersonen sind oft einfache Menschen, die der kleinbürgerlichen Welt entstammen und als passive Helden ihrem Schicksal ausgeliefert sind.
Die Autoren verwenden eine einfache, betont sachliche und ungekünstelte Alltagssprache, die dem Inhalt der Geschichte entspricht. Oft prägt Umgangssprache die Figurenrede, die erlebte Rede und den inneren Monolog und führt so zu einer kritischen Identifikation der Leser mit den Figuren und dem Inhalt der Kurzgeschichte.

SCHWANK Der Schwank ist eine kurze heitere dramatische oder erzählte Szene. Die Themen entstammen der Volksdichtung, häufig werden Normen des bürgerlichen Alltags karikiert. Schwänke sind einfach strukturiert und auf eine Pointe hin komponiert, die Mittel der Darstellung sind Gegensätze, Übertreibungen und Typisierung der Figuren.
Die Verfasser von Schwänken sind oft unbekannt.
Beispiele: *Till Eulenspiegel, Die Schildbürger*; Stücke von **Hans Sachs** und **Johann Nepomuk Nestroy**; *Erzählungen des Barons von Münchhausen*

MÄRCHEN Das Märchen ist eine der ältesten literarischen Formen, die ihre Wurzeln in der schriftlosen Zeit hat und ursprünglich mündlich überliefert wurde (Volksmärchen). Es zeigt Menschen in abenteuerlichen Bewährungssituationen, wobei positive und negative Figuren eindeutig festgelegt sind. Aus dem Gegensatz der handelnden Figuren erwachsen Konflikte. Seit der Romantik werden Kunstmärchen verfasst, die die Volksmärchen in der klar strukturierten Thematik und der volksnahen Sprache nachahmen

- Beispiele für Volksmärchen: *Rotkäppchen, Dornröschen, Aschenputtel* von den **Brüdern Grimm**
- Beispiele für Kunstmärchen: **Ludwig Tieck**, *Der gestiefelte Kater*; **Wilhelm Hauff**, *Kalif Storch*; **Hans Christian Andersen**, *Des Kaisers neue Kleider*
- Beispiele für moderne märchenhafte Erzählungen: **Michael Ende**, *Momo*; **Otfried Preußler**, *Krabat*

PARABEL Die Parabel ist eine kurze lehrhafte Erzählung, die eine allgemeine Erkenntnis oder Lebensweisheit verschlüsselt wiedergibt. Durch Übertragung des dargestellten Ereignisses auf einen anderen Sachverhalt kann dieser erschlossen werden. Parabeln wollen zugleich unterhalten und belehren. Die Parabel gehört wie das Gleichnis, das Beispiel und die Fabel zu den epischen Kurzformen. Sie will jedoch nicht – wie die Fabel – eine Handlungsanleitung formulieren, sie gibt vielmehr einen Sachverhalt verschlüsselt wieder und will so den Leser zum Nachdenken bewegen. Dazu muss der Leser das Gesagte (die Bildebene) und das Gemeinte (die Sachebene) miteinander vergleichen und den Vergleichspunkt (das tertium comparationis) finden. Meist ergeben sich daraus verschiedene Deutungsmöglichkeiten. Bekannte

Parabeldichter des 20. Jahrhunderts sind **Bertolt Brecht** *(Geschichten vom Herrn Keuner)* und **Franz Kafka**.

LEGENDE Legenden sind anonyme christliche Erzählungen vom Leben und Sterben von Heiligen, von ihren guten Taten und ihrer Frömmigkeit. Im Mittelalter wurden Legenden an den Namenstagen der Heiligen vorgelesen oder erzählt, um an diese zu erinnern. Die Menschen sollten angehalten werden, sich ebenso gottesfürchtig wie diese Heiligen zu verhalten. Auf die geschichtliche Wahrheit wurde dabei wenig Wert gelegt, jedoch haben die beschriebenen Personen in der Regel gelebt.
Die Legenden waren im Mittelalter die Gegenstücke zu den Heldensagen. Steht in den Heldensagen, die meist aus der Zeit vor dem Christentum stammen, ein Held und seine Tapferkeit gegenüber Feinden im Mittelpunkt, beschreiben Legenden die religiös geprägten Taten von Menschen, die dann zu Heiligen erklärt wurden.

Mittlere Formen

ERZÄHLUNG Die Erzählung ist eine literarische Gattung, die kürzer ist als Novelle und Roman, aber länger als die Kurzgeschichte.
Literarische Erzählungen sind meist in drei Teile gegliedert, in Einleitung, Hauptteil und Schluss. Im Hauptteil findet sich der Höhepunkt. Sie gleichen dem Roman, sie sind aber viel kürzer. Außerdem bestehen sie nur aus einem Handlungsstrang, es gibt also nur eine Haupthandlung, keine Nebenhandlungen. Sie kommen auch mit weniger Personen aus als der Roman und ereignen sich in einem kürzeren Zeitraum. Anders als Fabel, Parabel

und Legende wollen sie keine Lehre vermitteln, anders als der Novelle fehlt ihnen das Leitmotiv und die „unerhörte Begebenheit“.

Die wenigen Personen, die in einer Erzählung vorkommen, stehen meist in einem sehr engen Verhältnis zueinander, was durch die einsträngige Handlung bedingt ist. Sie sind zwar in der Regel als Charaktere angelegt (nicht als Typen mit funktionaler Bedeutung), der Leser lernt sie aber nur in bestimmten Situationen kennen. Ein umfassendes Charakterbild wie im Roman entsteht dadurch nur selten.
In der Erzählerrede verwenden die Autoren die Sprachform, die für die jeweilige Entstehungszeit kennzeichnend ist: eine stilisierte, gehobene Sprache im 18. und 19. Jahrhundert, eine betont sachliche und ungekünstelte Alltagssprache in der zweiten Hälfte des 20. und im 21. Jahrhundert. Eine Häufung von sprachlich-stilistischen Mitteln wie im Drama oder in der Lyrik ist nicht feststellbar. Die Figuren sprechen so, wie es ihrer sozialen Stellung und ihrem Bildungsstand entspricht.

Bekannte Erzählungen und ihre Autoren:
- **Friedrich Schiller** (1759–1805), *Der Verbrecher aus verlorener Ehre* (1786)
- **Heinrich von Kleist** (1777–1811), *Michael Kohlhaas* (1808)
- **Joseph von Eichendorff** (1788–1857), *Aus dem Leben eines Taugenichts* (1826)
- **Adalbert Stifter** (1805–1868), *Brigitta* (1844/1847)
- **Heinrich Böll** (1917–1985), *Die verlorene Ehre der Katharina Blum* (1974)
- **Birgit Vanderbeke** (geb. 1956), *Das Muschelessen* (1990)

NOVELLE Ihren Ursprung hat die Novelle im Italien der Renaissance (ca.1350–1600). **Giovanni Boccaccio** (1313–1375) veröffentlichte 1348 die Novellensammlung *Decamerone* (dt. *Zehntagewerk*), woraufhin Novellenzyklen in ganz Europa populär wurden. In Deutschland war **Johann Wolfgang von Goethe** der erste Dichter eines beachteten Novellenzyklus, der *Unterhaltungen deutscher Ausgewanderten* (1795).

Die Novelle ist eine Prosaerzählung von mittlerem Umfang. Ihr Inhalt ist auf das Wesentliche verdichtet und zeigt einen zentralen Konflikt, einen Zusammenstoß von Mensch und Schicksal, Realem und Außergewöhnlichem, der durch Leitmotive verdeutlicht wird. Nach Goethes Definition steht eine „sich ereignete unerhörte Begebenheit" im Mittelpunkt der Novelle. **Theodor Storm** nannte die Novelle wegen ihres typischen Aufbaus (geraffte Exposition, Steigerung, konzentriert herausgearbeiteter Höhe- und Wendepunkt, Abfall und Abklingen der Handlung als ahnungsvolle Andeutung des Schicksals) „die Schwester des Dramas".

Ein wichtiges Kennzeichen der Novelle ist die Existenz des **Dingsymbols**. Dieses steht symbolisch für den Umschwung der Handlung und stammt aus **Boccaccios** *Decamerone*. In der 9. Geschichte des 5. Tages wird erzählt, wie ein Ritter aus Liebe zu einer adeligen Dame, für die er sein ganzes Vermögen verschwendet hat, ihr als seinen letzten Besitz einen Falken als Speise vorsetzt. Dadurch ist sie so gerührt, dass sie in eine Heirat einwilligt und den verarmten Ritter zum Herren ihres gesamten Vermögens macht. Seitdem wird das Vorhandensein eines „Falken", also eines Dingsymbols, als ein wichtiges Kennzeichen einer Novelle angesehen. Bei der Novelle steht die Handlung im Vordergrund. Personen, Dinge und Charaktere sind nur soweit berücksichtigt, als sie Träger oder Mittel des Hauptereignisses sind. Damit befindet sich die Novelle in deutlichem Gegensatz zum Roman, der eine (oder mehrere Personen) in den Mittelpunkt stellt.

Bekannte Autoren und ihre Novellen

- **Conrad Ferdinand Meyer** (1825 – 1898), *Das Amulett* (1873), *Der Schuss von der Kanzel* (1878)
- **Eduard Mörike** (1804 – 1875), *Mozart auf der Reise nach Prag* (1856)
- **Theodor Storm** (1817 – 1888), *Immensee* (1849), *Aquis Submersus* (1876), *Der Schimmelreiter* (1888)
- **Gottfried Keller** (1819 – 1890), *Die Leute von Seldwyla* (Novellenzyklus 1855 / 56)
- **Annette von Droste-Hülshoff** (1797 – 1848), *Die Judenbuche* (1842)
- **Paul Heyse** (1830 – 1914), *L'Arrabiata* (1853), Nobelpreis für Literatur 1910
- **Thomas Mann** (1875 – 1955), *Gladius Dei* (1902), *Tonio Kröger* (1903), *Tod in Venedig* (1912)
- **Stefan Zweig** (1881 – 1942), *Sternstunden der Menschheit* (1927), *Schachnovelle* (1941)
- **Martin Walser** (geb. 1927), *Ein fliehendes Pferd* (1978)

SAGE Sagen sind ursprünglich mündlich überlieferte Erzählungen aus alter Zeit, zu der immer wieder neue Handlungen oder Personen hinzuerfunden wurden. Erst viel später wurden sie aufgeschrieben. Im Mittelpunkt der Sage steht oft ein übernatürlich-fantastisches Ereignis, eine ungewöhnliche Person oder ein besonderer

Gegenstand oder Ort. Sagen können einer bestimmten Zeit und einem bestimmten Ort zugeordnet werden. Die handelnden Personen werden namentlich genannt. Sagen erheben Anspruch auf Glaubwürdigkeit. In Sagen werden rätselhafte Vorgänge erklärt und möglichst glaubhaft gemacht.

Man unterscheidet:
- Volkssagen, die meist an bestimmte Orte und Gegebenheiten gebunden sind (z. B. *Barbarossa im Kyffhäuser*, *Die Weiber von Weinsberg*)
- Heimatsagen, die sich um unerklärliche Vorgänge in der Region ranken (z. B. *Die Teufelsmauer*, *Burg Auersberg*)
- Götter- und Heldensagen, in deren Mittelpunkt Götter und Menschen mit außergewöhnlichen Fähigkeiten stehen (z. B. die *Herakles-Sage*, die *Siegfried-Sage* und die *Artus-Sage*)
- Wandersagen, also Sagen, die an verschiedenen Orten spielen und in denen verschiedene Personen auftreten, die aber im Kern die gleiche Geschichte erzählen.

Großformen

EPOS In der Antike war das Epos eine verbreitete Gattung, die aus verschiedenen Kulturkreisen bekannt ist. Für die europäische Dichtung wurden die Epen **Homers** wichtig. Homer ist ein sagenhafter griechischer Dichter um 750 v. Chr., von dem man bis heute nicht weiß, ob er wirklich gelebt hat oder ob andere Autoren den Namen als Pseudonym verwendet haben. Unter Homers Namen sind zwei Epen veröffentlicht: In der *Ilias* wird der Kampf der Griechen gegen die Trojaner geschildert. In der *Odys-*

see geht es um die Rückkehr des griechischen Helden Odysseus nach Ithaka, die auf vielen Umwegen verläuft und zehn Jahre dauert.
In der römischen Antike nahm der Dichter **Vergil** (70 – 19 v. Chr.) Inhalte und Motive der Epen Homers auf und schuf sein Epos, die *Aeneis*. In diesem Werk beschreibt Vergil die Irrfahrten des trojanischen Königssohns Aeneas, der nach dem Brand Trojas seine Heimatstadt verlassen und auf Umwegen die Landschaft Latium erreicht hatte, wo von seinen sagenhaften Nachfahren Romulus und Remus die Stadt Rom gegründet worden sein soll. Vergil gestaltete mit seinem Epos den Gründungsmythos Roms und des Römischen Weltreichs.

Um 1200 werden im deutschsprachigen Raum erste Epen in der Volkssprache aufgeschrieben. Diese kann man nach Inhalt, Gestaltung der Personen und vorherrschender Wertewelt unterscheiden:
Das **Heldenepos** ist oft von unbekannten Verfassern aufgeschrieben. Es bedient sich in Stoff und Motivik bei den alten germanischen Heldensagen. Das Heldenepos berichtet von einer archaischen Welt, in der rohe Gewalt herrscht und deren Figuren sich einer psychologischen Deutung entziehen. Das Nibelungenlied kann als Beispiel für das Heldenepos gelten.
Das **höfische Epos** stellt einen Ritter in den Mittelpunkt, der sich in seiner Lebensführung und in seinem Rittertum bewähren muss, um als würdiges Mitglied der Hofgesellschaft zu gelten. Thematisiert werden ritterliche Lebensführung, Werte und Tugenden, v. a. die Treue zu Gott und den Lehnsherrn. Zusätzlich muss ein Ritter im Kampf Tapferkeit, gegenüber den Frauen gesittetes Benehmen und im Umgang mit Schwächeren und Hilfsbedürftigen

Mitleid und Erbarmen zeigen. Das Ideal des höfischen Epos ist der „miles christianus“, der an den christlichen Werten orientierte Streiter im Namen Gottes.
Wichtige höfische Epen stammen von **Hartmann von Aue** *(Erec, Iwein)*, **Wolfram von Eschenbach** *(Parzival)* und **Gottfried von Straßburg** *(Tristan und Isolde)*.

ROMAN Romane thematisieren nicht nur einzelne Ereignisse, sondern verfolgen einen Helden auf seinem Lebensweg. Sie beziehen auch seine Umwelt, die historische Realität und die allgemeine Stimmungslage in die Darstellung mit ein. Romane verfügen meist über eine mehrsträngige Handlung und umfassen eine längere Zeitspanne. Im Unterschied zu anderen, kürzeren Prosatexten wird im Roman eine eigene Welt entworfen.

Erste Romane gab es schon im Mittelalter, z. B. das Heldenepos (*Nibelungenlied*). Doch bis ins 18. Jahrhundert war der Roman als minderwertige literarische Gattung verpönt. Nur einfache Leute lasen die damaligen Romane, die als Volksbücher antike oder mittelalterliche Stoffe (z. B. die Lebensgeschichte des Dr. Faust) überlieferten. Selbst der bedeutendste deutsche Roman des 17. Jahrhunderts, *Der abenteuerliche Simplicissimus Teutsch* von **Grimmelshausen**, der zwar viel gelesen und oft nachgedruckt wurde, fand in der literarischen Welt kaum Beachtung. Zu einem Bestseller wurde der 1774 erschienene Briefroman *Die Leiden des jungen Werthers* von **Johann Wolfgang von Goethe**. Durch dieses Werk wurde der Roman gesellschaftsfähig und zu dem, was er heute ist – zur wichtigsten literarischen Gattung.
Im Laufe der Jahrhunderte haben sich verschiedene Romantypen herausgebildet, die nach Wirkabsicht und

Inhalt unterschieden werden können. Folgende Typen sind besonders wichtig:

- **Bildungs- und Entwicklungsroman**: Der Weg eines jungen Mannes zum Erwachsenen wird beschrieben. Beispiele: **Johann Wolfgang von Goethe:** *Wilhelm Meisters Lehrjahre* (1795), **Karl Philipp Moritz:** *Anton Reiser* (1785 ff.), **Gustav Freytag:** *Soll und Haben* (1855), **Gottfried Keller:** *Der grüne Heinrich* (1854 ff.), **Adalbert Stifter:** *Der Nachsommer* (1857), **Hermann Hesse:** *Demian* (1919)
- **Gesellschaftsroman**: Der Schwerpunkt der Darstellung liegt auf den gesellschaftlichen Verhältnissen. Beispiele: **Theodor Fontane:** *Irrungen Wirrungen* (1887), *Frau Jenny Treibel* (1892), *Effi Briest* (1894), **Thomas Mann:** *Der Zauberberg* (1924)
- **Historischer Roman**: Ein geschichtlicher Stoff wird im Roman verarbeitet. Beispiele: **Felix Dahn:** *Ein Kampf um Rom* (1876), **Franz Werfel:** *Die vierzig Tage des Musa Dagh* (1933)
- **Kriminalroman**: Ein Verbrechen und seine Aufklärung werden dargestellt. Beispiele: **Friedrich Dürrenmatt:** *Der Richter und sein Henker* (1950), **Bernhard Schlink:** *Selbs Justiz* (1987)
- **Künstlerroman**: Der Lebensweg eines Künstlers bzw. sein Konflikt mit der bürgerlichen Welt wird thematisiert. Beispiele: **Eduard Mörike:** *Maler Nolten* (1832), **Thomas Mann:** *Der Tod in Venedig* (1912), *Doktor Faustus* (1947), **Hermann Hesse:** *Klingsors letzter Sommer* (1920)
- **Utopischer Roman**: Der Roman spielt in der Zukunft oder in fernen, unerforschten Gegenden. Beispiele: **Thomas Morus:** *Utopia* (1516), **Aldous Huxley:** *Schöne neue Welt* (1932), **George Orwell:** *1984* (1948), **Christa Wolf:** *Kein Ort. Nirgends* (1979)

Der Bestseller

Bestseller sind – nach der englischen Übersetzung – die am besten verkauften Bücher, also Verkaufsschlager, deren Verkaufszahlen deutlich über denen anderer Bücher liegen.
Bestseller werden in Bestsellerlisten in Zeitungen und Zeitschriften veröffentlicht, was deren Absatz oft noch weiter anheizt. Das zeigt, dass Bücher im 20. und 21. Jahrhundert für viele Beteiligte des literarischen Lebens nur noch Warencharakter haben – wenn ein Buch zum Bestseller avanciert, ist das oft das Verdienst von Werbung und public relation, es sagt nichts über die literarische Qualität des Buchs aus. Bestsellerlisten erfassen sowohl literarische Werke als auch Sachbücher.
Inzwischen stellt man nicht nur fest, welche Bücher zu Bestsellern geworden sind – auch Longseller (Bücher, die über einen langen Zeitraum hinweg mit guten Absätzen verkauft werden, wie die Bibel, manche Kinderbücher, Klassiker und Nachschlagewerke) und der Worstseller (das am schlechtesten verkaufte Buch), kommen in die Medien und werden dadurch für die potenziellen Leser (wieder) interessant.

Erste Bestseller

Früher wurden Bücher zu einem Verkaufsschlager, weil sie eine Vielzahl von Lesern angesprochen haben, die auf das Buch durch Mundpropaganda oder Empfehlung eines Buchhändlers darauf aufmerksam geworden sind. Solche frühen Bestseller sind z. B. Goethes „Die Leiden des jungen Werthers“ (1774), Gustav Freytags „Soll und Haben“ (1855) und Waldemar Bonsels „Die Biene Maja“ (1912).

Bestseller im 20. und 21. Jahrhundert

In Zeiten massenhafter Verbreitung von Büchern werden aber andere Wege beschritten, Bücher an den Mann zu bringen. In den letzten Jahrzehnten des 20. Jahrhunderts setzte sich eine Entwicklung fort, die das literarische Leben schon seit Ende des Zweiten Weltkriegs bestimmt: Das Buch ist eine Ware, der Buchmarkt ein Markt, der nach wirtschaftlichen Gesetzen funktioniert. Deshalb wird die Neuerscheinung eines Buches, das einen hohen Absatz verspricht, in den Medien bekannt gemacht; für Bücher wird – wie für andere Waren auch – geworben. Das geschieht durch Anzeigen des Verlags, durch Dichterlesungen, aber auch durch Kritiken, sie können gut oder schlecht sein – richtig platziert, erreichen sie die Aufmerksamkeit der potenziellen Leser.

Bestenlisten

Auch Bestsellerlisten tragen dazu bei, auf Bücher aufmerksam zu machen. Bestsellerlisten führen Bücher auf, die sich besonders gut verkaufen – über ihre Qualität ist dadurch noch nichts ausgesagt. Die ersten Bestsellerlisten gab es um 1910 in amerikanischen Wochenzeitschriften. Seit 1972 veröffentlicht das Wochenmagazin „Der Spiegel" eine wöchentlich aktualisierte Bestenliste, die Unterhaltungsliteratur (Belletristik) und Sachbücher unterscheidet. Die Liste entsteht auf der Grundlage einer repräsentativen Umfrage bezüglich der Verkaufszahlen. Eine solche Bestsellerliste regt wiederum viele Menschen zum Kauf eines Buchs an und dient damit nicht nur der Information, sondern auch der Werbung. In unseren Tagen werden Bestseller auch häufig verfilmt und sind Grundlage eines ausgeklügelten Merchandising-Systems, das ihrer Vermarktung dient.

2 Drama

Dramatische Handlung

QUICK-FINDER

Darbietung des Stoffes im traditionellen Drama

EINTEILUNG DER HANDLUNG Das traditionelle Drama ist in Akte und Szenen (Auftritte) gegliedert. **Akte** (Aufzüge) sind größere Handlungsabschnitte, die in sich abgeschlossen sind. Klassische Dramen oder solche, die sich daran orientieren, sind meist in fünf, manchmal auch in drei Akte eingeteilt. Man nennt sie nach ihrer Bauform **geschlossene Dramen**. Die streng symmetrische Bauform, die als Ausdruck eines geschlossenen Weltbildes gilt, geht auf die antike Poetik des Aristoteles zurück.

DIE FREYTAGS-PYRAMIDE Ausgehend von **Schillers** *Maria Stuart* entwickelte der Literaturwissenschaftler und Dichter **Gustav Freytag** am Ende des 19. Jahrhunderts folgendes Modell, das für viele Dramen des 17. bis 19. Jahrhunderts Gültigkeit besitzt:

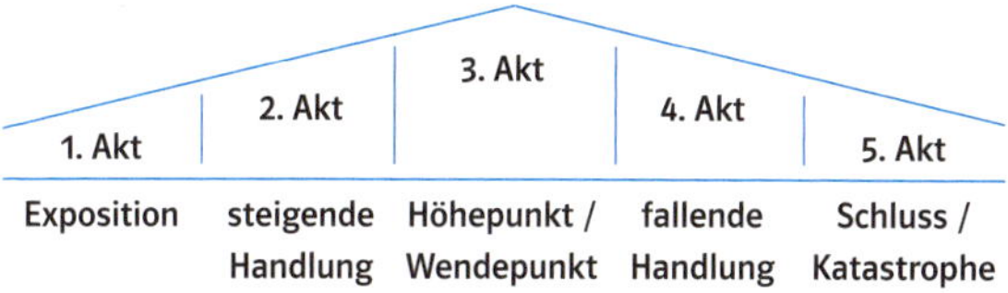

AUFBAU DES KLASSISCHEN DRAMAS Den einzelnen Akten des aristotelischen Dramas ist eine jeweils spezifische Funktion zugeordnet:

- Die **Exposition** gibt eine Einführung in die Verhältnisse und Zustände, aus denen der dramatische Konflikt entspringt, und thematisiert damit die Vorgeschichte der Bühnenhandlung. Außerdem macht sie die Zuschauer mit den Hauptfiguren bekannt.

- In der **steigenden Handlung** entwickelt sich der Konflikt bzw. die Auseinandersetzung zwischen dem Protagonisten und dem Antagonisten bis zum

- **Höhepunkt**. Hier kommt es zur vollen Entfaltung des Konflikts. Oft ist der Höhepunkt zugleich der **Wendepunkt** (auch **Peripetie** genannt), an dem das Geschehen eine ganz unvorhergesehene Richtung nimmt.

- Die fallende Handlung führt scheinbar unmittelbar zum Schluss hin. Meist wird das schnelle Ende aber durch das so genannte **retardierende Moment** verzögert, was noch einmal Spannung in die Dramenhandlung bringt.

- Der Schluss bringt dann die Lösung der dramatischen Handlung. In der Komödie handelt es sich dabei um ein glückliches Ende, in der Tragödie um die **Katastrophe**.

Darbietung des Stoffes im modernen Drama

OFFENES DRAMA Jedes Drama, das nicht zu dem Typus des geschlossenen Dramas passt, wird dem **offenen Drama** zugerechnet. Das deutlichste Kennzeichen des offenen Dramas ist die lockere, episodische Anordnung von Einzelszenen, es gibt keinen übergreifenden, durch Akte markierten Handlungsbogen. Im Mittelpunkt der Handlung steht die Hauptfigur und ihre Auseinandersetzung mit der Umwelt, nicht der Konflikt zwischen zwei Figuren (Protagonist und Antagonist). Die drei Einheiten, die gesellschaftliche Situierung der Hauptfigur und die

Fallhöhe spielen keine Rolle, Zeitsprünge und häufige Schauplatzwechsel sind deshalb typisch für das Drama der offenen Form. Meist fehlt auch ein Ende, das eine Lösung aufzeigt; die Folge der Handlungen könnte fortgesetzt werden.

BAUFORM Folgende Darstellung der aneinandergereihten Einzelszenen oder Bilder verdeutlicht die Bauform des offenen Dramas:

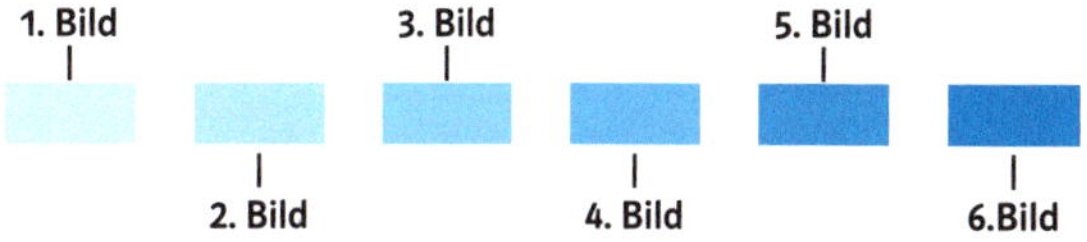

KENNZEICHEN DES GESCHLOSSENEN UND OFFENEN DRAMAS

Geschlossenes Drama	Offenes Drama
durchgängige **Haupthandlung**, wobei alle Ereignisse miteinander verknüpft sind und auf ein Ziel hinführen	Mehrsträngigkeit **gleichgewichtiger Handlungen**, lockere Struktur der Einzelszenen, Zusammenhalt über Leitmotive oder Figuren
klarer Anfang durch Eintreten einer Konfliktsituation, eindeutige **Lösung am Schluss**	**plötzlicher Beginn**, meist **offener Schluss**
geringe Zeiterstreckung der Handlung	die Handlung umspannt **große Zeiträume**

Geschlossenes Drama	Offenes Drama
wenige Schauplätze	Vielzahl von Handlungsorten
wenig Figuren hohen Standes, die in einem klaren Verhältnis zueinander stehen, scheinbar unabhängig von Physis und Milieu, bestimmen den Verlauf der Handlung	**Vielzahl von Figuren,** die die Gesellschaft als Ganzes repräsentieren, abhängig von Milieu und psychischer Befindlichkeit, fehlende Autonomie
autonomer, **mündiger Held**, der das Geschehen durch sein Handeln lenkt	**passiver Held**, Antiheld, der von seinem sozialen Umfeld bestimmt wird
Kunstsprache, oft Verssprache, einheitliche Sprachebene, oft Hypotaxen, Sentenzen, Bilder, Metaphern, Mitteilungsfunktion der Sprache, Dialoge und Rededuelle treiben die Handlung voran	individuelle, **realistische Sprache**, häufig Parataxen, Anakoluth und Ellipse als Stilmittel, Expressionsfunktion der Sprache, Sprachlosigkeit als Ausdruck der Hilflosigkeit der Figuren
klar strukturiertes Weltbild, dessen Idee in seiner ganzen Totalität vermittelt wird	**Komplexität** der Realität ist nicht darstellbar, deshalb: Offenheit, Fragmentcharakter

Das epische Theater

DER BEGRIFF EPISCHES THEATER steht für eine besondere Form des modernen Dramas, die **Bertolt Brecht** im Gegensatz zum klassisch-aristotelischen Drama theoretisch begründet und auf der Bühne erprobt hat.

ZIEL DES BRECHT'SCHEN DRAMAS ist die Veränderung der Gesellschaft im marxistischen Sinn, wozu Brecht das Mitfühlen und Mitleiden des Zuschauers mit den Bühnenfiguren und ihrem Schicksal durch eine kritische Distanz zur Bühnenhandlung ersetzen will.

DRAMATURGISCHE MITTEL, die Brecht zur Erreichung seiner Ziele im epischen Theater einsetzt, sind:
- **Verfremdungseffekt (V-Effekt)**: Dem Zuschauer wird Alltägliches wie Fremdes, Unbekanntes präsentiert, wodurch er zu den Figuren und zum Geschehen auf der Bühne eine kritische Distanz einnehmen soll, die ihn die Notwendigkeit zur Veränderung erkennen lassen;
- **Montagetechnik**, also kritisch-kommentierende Einschübe eines Erzählers, Prolog, Epilog, Einfügung von Songs, Kinderliedern und Bibelzitaten, Verwendung von Spruchbändern, Projektionen und Lichteffekten.

BEISPIELE für das epische Theater:
- Stücke von **Bertolt Brecht**: z. B. *Dreigroschenoper, Die heilige Johanna der Schlachthöfe, Furcht und Elend des Dritten Reiches, Leben des Galilei, Mutter Courage und ihre Kinder, Der gute Mensch von Sezuan, Der kaukasische Kreidekreis*
- Dramen von **Heiner Müller**: z. B. *Der Lohndrücker, Germania Tod in Berlin;* **Peter Weiss:** *Die Verfolgung und Ermordung des Jean Paul Marat ...*

Anordnung des Stoffes

Da Dramen eine vielschichtige Handlung zeigen, muss diese untergliedert sein. Üblicherweise teilen die Autoren ihre Stoffe deshalb in Akte, Szenen oder Bilder ein.

BEGRIFF	BEDEUTUNG	VORKOMMEN
Akt (Aufzug)	ein in sich abgeschlossener, größerer Handlungsabschnitt, der seit dem 17. Jahrhundert durch das Auf- und Zuziehen des Vorhangs markiert wird	im traditionellen Drama
Szene (Auftritt)	1. im mehraktigen, traditionellen Drama Untereinheit des Aktes, die durch das Auf- bzw. Abtreten von Figuren markiert wird; 2. im modernen Drama oft gleichbedeutend mit „Bild“ verwendet	im traditionellen und im modernen Drama
Bild	Handlungseinheit	im modernen Drama

Handlung, Handlungsschritte, Handlungstempo

HANDLUNG Mehr als jedes andere literarische Werk lebt das Drama von der Handlung. Dabei muss zwischen verschiedenen Arten von Handlung unterschieden werden.

HANDLUNG	
äußere Handlung	Aktion, Geschehen auf der Bühne oder auf anderen Handlungsschauplätzen
innere Handlung	Vorgänge in den Figuren, ihre geistige und seelische Entwicklung
offene Handlung	Handlung, die auf der Bühne sichtbar ist. Die Handlung eines Dramas ist meist offene Handlung.
verdeckte Handlung	Handlung, die auf der Bühne nicht sichtbar ist, die dem Zuschauer z. B. durch den Botenbericht oder die Teichoskopie (Mauerschau) vermittelt werden muss. Auch die Exposition informiert über die verdeckte, nämlich zeitlich zurückliegende Handlung.

HANDLUNGSSCHRITTE Ähnlich wie eine Erzählung aus verschiedenen Erzählschritten besteht, lassen sich bei Schauspielen einzelne **Handlungsschritte** feststellen. Sie ergeben sich, indem die Figuren die Ausgangssituation verändern und durch ihr Handeln eine neue Situation herbeiführen, die dann wieder durch das Handeln einer Figur verändert wird usw. Im traditionellen Drama fallen Handlungsschritte und Szenen oft zusammen.

Beispiel: **Johann Wolfgang von Goethe,** *Iphigenie auf Tauris:* Nach der Selbstreflexion Iphigenies im ersten Auftritt des ersten Aufzugs (I, 1) rät Arkas, der Vertraute des Königs Thoas, Iphigenie in I, 2 dringend, das Werben des Königs anzunehmen und in eine Heirat einzuwilligen.

Am Ende dieser Szene reflektiert Iphigenie ihre Lage und beschließt, Thoas nicht zu heiraten. Damit ist ein Handlungsschritt abgeschlossen und für die Bühnenhandlung in I, 3 gibt es eine neue Ausgangssituation: Iphigenie ist sich ihrer Situation bewusst und tritt dem König sehr selbstsicher entgegen.

HANDLUNGSTEMPO Nicht in allen Dramen verlaufen die Geschehnisse im selben Tempo; manchmal handeln die Figuren sehr zielgerichtet und führen eine schnelle Änderung der Ausgangssituation herbei, manchmal scheint die Handlung nicht von der Stelle zu kommen (z. B. in **Samuel Beckett**, *Warten auf Godot*, wo der Erwartete bis zum Ende des Stückes nicht erscheint). Diese Unterschiede beschreibt man mit dem Begriff **Handlungstempo**.

Zieldrama und analytisches Drama

Bei Dramen der traditionellen Form ist die Unterscheidung in **Zieldrama** und **analytisches Drama** üblich. Die beiden Dramenformen unterscheiden sich grundlegend durch die Darstellungsabsicht und die Darstellungsweise.

ZIELDRAMA UND ANALYTISCHES DRAMA	
Zieldrama (bzw. Konflikt- oder Entscheidungsdrama)	Die dramatische Handlung richtet sich auf ein Geschehen oder ein Ereignis aus, das vom Zeitpunkt des Beginns der Bühnenhandlung her gesehen in der Zukunft liegt. Die Bühnenhandlung läuft geradlinig auf die Katastrophe am Ende zu (z.B. **Friedrich Schiller**, *Maria Stuart*).
analytisches Drama (bzw. Entdeckungsdrama)	Das entscheidende Ereignis für das dramatische Geschehen auf der Bühne liegt in der Vorgeschichte. Auf der Bühne werden nur die letzten Auswirkungen, die Zuspitzung und womöglich die Aufklärung einer Handlung gezeigt, die sich vor dem Einsetzen des Bühnengeschehens ereignet haben und die erst im Lauf des Spiels vollständig enthüllt werden (z.B. **Heinrich von Kleist**, *Der zerbrochne Krug*).

Figuren und Personal

QUICK-FINDER

Charakter und Typ

WICHTIGKEIT DER FIGUREN Für den Handlungsverlauf in einem Drama sind nicht alle Figuren gleich wichtig. Manche Figuren tragen die Handlung, andere kommen nur am Rande, in bestimmten Situationen vor. Nach dem Grad ihrer Wichtigkeit nennt man sie Haupt- oder Nebenfiguren bzw. Charaktere und Typen.

CHARAKTERE Hauptfiguren treten in vielen Szenen auf und müssen deshalb dem Zuschauer vertraut sein. Dazu sind sie vom Autor mit charakteristischen, individuellen Merkmalen ausgestattet; man nennt sie deshalb **Charaktere**.

Charaktere
- tragen unverwechselbare Namen,
- stehen zur Handlung des Dramas in einer besonderen Beziehung,
- haben eine unverwechselbare Lebensgeschichte, ein individuelles Schicksal,
- sprechen oft eine individuelle Sprache,
- zeigen individuelle Eigenschaften und Eigenheiten,
- sind oft auch äußerlich charakterisiert (Alter, Größe, Haarfarbe, soziale Stellung, Beruf, Auftreten usw.).

BEISPIELE FÜR CHARAKTERE Iphigenie (aus **Goethes** Schauspiel *Iphigenie auf Tauris*), Wilhelm Tell (aus **Schillers** gleichnamigem Drama), **Brechts** Galileo Galilei. Wie die Beispiele zeigen, treten Charaktere oft als Titelfiguren von Dramen auf. Hauptfiguren können die Helden eines Dramas (**Protagonisten**) sein, aber auch ihre Gegenspieler (**Antagonisten**). Beide sind für den Fortgang der Handlung von entscheidender Wichtigkeit.

TYPEN Nebenfiguren erfüllen nur eine bestimmte Funktion im Stück. Sie sind nicht wegen ihres Charakters wichtig, sondern weil sie in bestimmten Situationen die Handlung vorantreiben, hemmen oder in eine andere Richtung lenken. Sie sind auf diese Funktion reduziert, man nennt sie deshalb funktionale Figuren oder **Typen**. Besonders in Komödien bedienen sich die Autoren der Typen, die oft menschliche Schwächen verkörpern.

Typen
- tragen oft keine, jedenfalls keine aussagekräftigen Namen,
- stehen nicht im Zentrum der Handlung, erfüllen nur eine Funktion,
- haben keine erwähnenswerte Lebensgeschichte, kein individuelles Schicksal,
- sprechen keine individuelle Sprache,
- zeigen keine individuellen Eigenschaften und Eigenheiten,
- sind äußerlich nur insoweit charakterisiert, wie es ihrem Typus entspricht (die böse Alte ist alt, der eingebildete Kranke ist unfähig das Haus zu verlassen usw.).

BEISPIELE FÜR TYPEN Der Wirt, eine Dame in Trauer, ein Feldjäger (aus **Gotthold Ephraim Lessings** Komödie *Minna von Barnhelm*), der Doktor, der Hauptmann, der Tambourmajor (aus **Georg Büchners** *Woyzeck*) und der Soldat, der Wirt, der Doktor (aus **Max Frischs** Schauspiel *Andorra*).

Charakterisierung der Figuren

MERKMALE Damit die Figuren auf der Bühne (oder im Lesetext) an Leben gewinnen, müssen sie möglichst unverwechselbar, möglichst authentisch dargestellt werden. Die Autoren statten die Figuren deshalb mit einer Reihe von für sie typischen Eigenheiten aus, die den Bereichen

- **äußere Merkmale** (z. B. Geschlecht, Alter, Größe, Körperbau, Haarfarbe, Kleidung),
- **innere Merkmale** (z. B. Denkweise, Einstellung, Werthaltung, Eigenschaften) und
- **soziale Merkmale** (z. B. Zugehörigkeit zu einer Gesellschaftsschicht, einem Stand, einer sozialen Gruppe)

zugeordnet werden können.

DIREKTE UND INDIREKTE CHARAKTERISIERUNG Figuren werden nicht nur durch den Autor charakterisiert. Auch andere Figuren eines Schauspiels und die betreffenden Figuren selbst tragen zur Charakterisierung bei. Man kann dabei unterscheiden zwischen direkter und indirekter Charakterisierung:

direkte Charakterisierung	• Der Autor äußert sich zu einer Figur, z. B. in Regieanweisungen. • Andere Figuren äußern sich beschreibend und urteilend. • Die Figur gibt eine Beschreibung von sich selbst.

indirekte Charakterisierung	• Eine Figur charakterisiert sich durch ihre Sprache und gibt damit Hinweise auf ihre soziale Herkunft, auf ihren Bildungsgrad, auf ihre Einstellung zu bestimmten Themen. • Eine Figur charakterisiert sich durch ihre Handlungsweise und gibt damit Hinweise auf ihr soziales Verhalten, auf ihre politische Gesinnung, auf ihre materielle Einstellung usw. • Der Autor charakterisiert eine Figur, indem er Kontrastfiguren auftreten lässt. • Der Autor gibt der Figur einen Namen, der auf eine Charaktereigenschaft oder auf eine bestimmte Eigenart schließen lässt (ein so genannter sprechender Name).

Figurenkonzeption

Der Autor eines Schauspiels kann die Figuren des Stücks unterschiedlich konzeptionieren. Bei der Untersuchung der Figurenkonzeption geht es darum, wie diese angelegt sind, wie der Autor sie ausgeformt hat, wie klar sie strukturiert sind und welche Entwicklung sie nehmen.

Dabei stellen sich folgende Fragen:

- Ist die Figur **statisch** oder **dynamisch** angelegt? Verändert sie sich oder bleibt sie in ihrem Charakter bzw. in ihrem Verhalten gleich?
- Handelt es sich um eine **komplex** konzipierte Figur oder ist sie eher **eindimensional** angelegt? Ist die Figur mit zahlreichen Merkmalen ausgestattet (gilt sie also als Charakter) oder zeigt sie nur wenig Merkmale (handelt es sich um einen Typus)?
- Handelt es sich um eine **offen** oder um eine **geschlossen** angelegte Figur? Ist ihr Charakter also mehrdeutig und rätselhaft oder ist das Wesen der Figur verständlich und nachvollziehbar?

Figurenkonstellation

VERHÄLTNIS ZU ANDEREN FIGUREN Da die Figuren eines Dramas selten allein auf der Bühne stehen (das ist allenfalls in einem Ein-Personen-Stück wie **Patrick Süskinds** *Der Kontrabaß* der Fall), sollte man untersuchen, in welchem Verhältnis sie zu den anderen Figuren stehen. Die vielfältigen Beziehungen, die sich dabei ergeben, nennt man Personenkonstellation. Diese lässt sich quantitativ oder qualitativ bestimmen:

QUANTITATIVE ANALYSE der Personenkonstellation:

- Wie viele Figuren kommen im Drama vor?
- Wie bemisst sich der Gesprächsanteil der einzelnen Figuren im Drama?

QUALITATIVE ANALYSE der Personenkonstellation:

- Nach welchen Merkmalen sind die Figuren einander zugeordnet? Z. B. Geschlechtszugehörigkeit, Generationszugehörigkeit, Zugehörigkeit zu einer bestimmten Gesellschaftsschicht, Wertorientierungen.
- In welcher Beziehung stehen die Figuren zueinander? Z. B. Familienbeziehung, Eltern-Kind-Beziehung, Liebesbeziehung, Geschäftsbeziehung, gemeinsame Interessen.

Figurenkonfiguration

AUFTRETEN DER FIGUREN Betrachtet man die Figuren unter dem Gesichtspunkt des gemeinsamen Auftretens auf der Bühne, spricht man von **Personenkonfiguration**. Ändert sich die Konfiguration, hat man es meist mit einer neuen Szene bzw. im modernen Drama mit einem neuen Bild zu tun.

AUSSAGE DER FIGURENKONFIGURATION Die Konfiguration sagt viel über die Kommunikation im Drama aus. Figuren, die nie auf der Bühne aufeinandertreffen, haben sich entweder nichts zu sagen (z. B. weil es sich um Nebenfiguren handelt, die untereinander nicht in Kommunikation treten sollen) oder sie werden vom Autor bewusst auseinandergehalten. **Schiller** gelingt es, den Höhepunkt seines Dramas *Maria Stuart* spannend zu gestalten, indem er erst im dritten Akt die erste Begegnung zwischen Maria und Elisabeth arrangiert.

BEISPIEL FÜR EINE FIGURENKONFIGURATION

Johann Wolfgang von Goethe, *Iphigenie auf Tauris:*

1. Akt	1. Szene			I		
	2. Szene	A		I		
	3. Szene		Th	I		
	4. Szene			I		
2. Akt	1. Szene				O	Py
	2. Szene			I		Py
3. Akt	1. Szene			I	O	
	2. Szene				O	
	3. Szene			I	O	Py
4. Akt	1. Szene			I		
	2. Szene	A		I		
	3. Szene			I		
	4. Szene			I		Py
	5. Szene			I		
5. Akt	1. Szene	A	Th			
	2. Szene		Th			
	3. Szene		Th	I		
	4. Szene		Th	I	O	
	5. Szene	A	Th	I	O	Py
	6. Szene		Th	I	O	

A = Arkas, Th = Thoas, I = Iphigenie, O = Orest, Py = Pylades

Dramatis personae

AUFTRETENDE FIGUREN Als *dramatis personae* (lat. für: die Personen des Dramas) bezeichnet man die **Gesamtheit der auftretenden Figuren**, wie sie im Personenverzeichnis zu finden sind, das in Buchausgaben häufig vor dem eigentlichen Dramentext abgedruckt ist.
Das Personenverzeichnis sagt viel über die Figuren und die Bauform des Dramas aus. So sind im traditionellen Drama die Figuren durch ihre Standeszugehörigkeit charakterisiert; im modernen Drama treten die Figuren oft nur als Rollenträger (z. B. Wirt, Tischler) auf und nur die Hauptpersonen sind namentlich genannte Individuen (z. B. Andri, Barblin).

TYPISCHES PERSONENVERZEICHNIS EINES MODERNEN DRAMAS aus **Max Frisch**, *Andorra*

Personen

Andri	Der Soldat
Barblin	Der Wirt
Der Lehrer	Der Tischler
Die Mutter	Der Doktor
Die Senora	Der Geselle
Der Pater	Der Jemand

Stumm

Ein Idiot
Die Soldaten in schwarzer Uniform
Der Judenschauer
Das andorranische Volk

TYPISCHES PERSONENVERZEICHNIS EINES KLASSISCHEN DRAMAS aus **Friedrich Schiller**, *Maria Stuart*

Elisabeth, Königin von England
Maria Stuart, Königin von Schottland, Gefangene in England
Robert Dudley, Graf von Leicester
Georg Talbot, Graf von Shrewsbury
Wilhelm Cecil, Baron von Burleigh, Großschatzmeister
Graf von Kent
Wilhelm Davison, Staatssekretär
Amias Paulet, Ritter, Hüter der Maria
Mortimer, sein Neffe
Graf Aubespine, französischer Gesandter
Graf Bellievre, außerordentlicher Botschafter von Frankreich
Okelly, Mortimers Freund
Drugeon Drury, zweiter Hüter der Maria
Melvil, ihr Haushofmeister
Burgoyn, ihr Arzt
Hannah Kennedy, ihre Amme
Margareta Kurl, ihre Kammerfrau
Sheriff der Grafschaft
Offizier der Leibwache

Französische und englische Herren, Trabanten, Hofdiener der Königin von England, Diener und Dienerinnen der Königin von Schottland

Sprache und Stil

QUICK-FINDER

Funktionen der Figurenrede

SPRACHE VERMITTELT HANDLUNG Im Drama entwickelt sich die Handlung nur über die Gespräche zwischen den Figuren oder im Selbstgespräch; anders als in epischen Texten fehlen Erzählerfiguren oder Autorenkommentare. Doch die Figurenrede hat auch noch andere Funktionen:

FUNKTIONEN DER SPRACHE IM DRAMA	
Selbstcharakterisierung	Die Figur charakterisiert sich selbst, gibt bewusst oder unbewusst Auskunft über ihre emotionale Befindlichkeit, über ihre momentane Situation: LICHT: Ei, was zum Henker, sagt, Gevatter Adam! / Was ist mit Euch geschehen? Wie seht ihr aus? ADAM: Ja seht. Zum Straucheln brauchts doch nichts, als Füße. / Auf diesem glatten Boden, ist ein Strauch hier? / Gestrauchelt bin ich hier; denn jeder trägt / Den leidgen Stein zum Anstoß in sich selbst. **(Heinrich von Kleist, *Der zerbrochne Krug*)**
Charakterisierung anderer	Eine Figur charakterisiert oder beschreibt eine andere, erläutert dem Zuschauer deren emotionale Befindlichkeit bzw. ihre momentane Situation:

	MARIE: Der Mann! So vergeistert. Er hat sein Kind nicht angesehen. Er schnappt noch über mit den Gedanken ... (**Georg Büchner**, *Woyzeck*)
Darstellung des Verhältnisses der Figuren zueinander	Im Gespräch wird deutlich, wie die Figuren zueinander stehen. Das kann explizit ausgedrückt oder unterschwellig deutlich werden: NATHAN: Hm!hm! – wunderlich! – Wie ist / mir denn? – Was will der Sultan? was? – Ich bin / Auf Geld gefaßt; und er will – Wahrheit! (**Gotthold Ephraim Lessing,** *Nathan der Weise*)
Darstellung des Konflikts	FRAU SCHEIT (nachdem sie sie lang verächtlich betrachtet hat): Das ist also die Frau Zwillich, wo immer so freundlich ist, Hugo? Auf die alle fliegen und neben der unsereine nur ein altes Monstrum ist, so ein alter Dreckhaufen am Marktplatz, um den man herumgeht! Eine ganz gewöhnliche Hur ist sie. FRAU ZWILLICH: Das ist zuviel! FRAU SCHEIT (höhnisch lachend): So, da ist ihr wahres Gesicht! Jetzt ist ihr die hübsche Larv heruntergerutscht. (**Bertolt Brecht,** *Der Streit der Fischweiber*)

Expositions-funktion	Das Gespräch informiert über Voraussetzungen der Handlung: PYLADES: Am Tage seiner Ankunft, da der König / Vom Bad erquickt und ruhig, sein Gewand / Aus der Gemahlin Hand verlangend, stieg, / Warf die Verderbliche ein faltenreich / Und künstlich sich verwirrendes Gewebe / Ihm auf die Schultern, um das edle Haupt; / Und da er wie von einem Netze sich / Vergebens zu entwickeln strebte, schlug / Ägisth ihn, der Verräter, und verhüllt / Ging zu den Toten dieser große Fürst. (**Johann Wolfgang von Goethe,** *Iphigenie auf Tauris*)
Informations-funktion	Im Gespräch oder Selbstgespräch wird deutlich, wo und wann sich das Geschehen abspielt: IPHIGENIE: Heraus in eure Schatten, rege Wipfel / Des alten, heil'gen, dicht belaubten Haines, / Wie in der Göttin stilles Heiligtum, / Tret ich noch jetzt mit schauderndem Gefühl, /Als wenn ich sie zum erstenmal beträte (**Johann Wolfgang von Goethe,** *Iphigenie auf Tauris*)

Haupttext und Nebentext

SPRECHTEXT Bisher war in diesem Kapitel davon die Rede, wie die Figuren eines Dramas miteinander, zu sich oder zum Publikum sprechen. Es hat sich dabei gezeigt, dass der **gesprochene** Text besonders wichtig ist. Man nennt ihn deshalb **Haupttext**.

REGIEANWEISUNGEN In der Druckfassung eines Dramas findet sich immer auch Text, der nicht auf der Bühne gesprochen werden soll: Dieser **Nebentext**, auch **Regieanweisungen** genannt, soll Regisseuren und Schauspielern jedoch Hinweise dazu geben, wie der Text gesprochen werden soll, welche Mimik oder Gestik der Autor für bestimmte Spielsituationen vorgesehen oder welche Angaben zur Ausstattung der Bühne und zur Anordnung der Requisiten er gemacht hat:

Das Zimmer ist niedrig; der Fußboden mit guten Teppichen belegt. Moderner Luxus auf bäuerische Dürftigkeit gepfropft. An der Wand hinter dem Eßtisch ein Gemälde, darstellend einen vierspännigen Frachtwagen, von einem Fuhrknecht in blauer Bluse geleitet.

Miele, die robuste Bauernmagd mit rotem, etwas stumpfsinnigem Gesicht; sie öffnet die Mitteltür und läßt Alfred Loth eintreten.

(**Gerhart Hauptmann**, *Vor Sonnenaufgang*)

Auch der Nebentext kann Auskünfte geben zu den Fragen:

- Wie ist eine Figur charakterisiert?
- Was erfahren wir über das Äußere der Figur, was über ihre innere Befindlichkeit?
- Wie haben wir uns den Spielort vorzustellen?

Beim Lesen eines Dramas liest man den Nebentext mit. Sieht man ein Schauspiel auf der Bühne, ist der Nebentext oft nur optisch erschließbar:
(Es klingelt. Einen Augenblick lang horchen beide. Frau Selicke ist zusammengefahren, Walter starrt, die Stulle in der Hand, mit offenem Munde über die Lampe weg nach der Tür, die ins Entree führt.) FRAU SELICKE *(endlich)*. Na? Machste nu auf, oder nich? *(Walter hat die Stulle liegen lassen und läuft auf die Tür zu. Er klinkt diese auf und verschwindet im Entree.)*
(**Arno Holz / Johannes Schlaf**, *Die Familie Selicke*)

Stilebenen

Im Drama sprechen die Figuren nicht wie im täglichen Leben; ihre Sprache ist stilisiert. Das ist jedoch nicht Selbstzweck, sondern erfüllt eine jeweils ganz genau bestimmte Aufgabe.

Hoher Stil	• im Drama des 18. und 19. Jahrhunderts häufig verwendet • unterscheidet sich von der Alltagssprache durch Verwendung von Versen, rhetorischen Figuren, pathetischer Sprechweise • dient der Darstellung von hochgestellten Figuren in der Tragödie • betont den Kunstcharakter von Dichtung • Beispiel: Dramen der Klassik wie **Schillers** *Maria Stuart* oder **Goethes** *Iphigenie auf Tauris*
Realistischer Stil	• im Drama des 18., 19. und 20. Jahrhunderts verwendet • Verwendung von Alltagssprache

	• dient der realistischen Darstellung von Figuren aus dem täglichen Umfeld • betont die realistische Darstellung der Verhältnisse • Beispiel: Dramen des Realismus wie **Hebbels** *Maria Magdalena* oder des 20. Jahrhunderts wie **Frischs** ***Biedermann und die Brandstifter***
Niederer Stil	• im Drama des 19. und 20. Jahrhunderts häufig verwendet • unterscheidet sich von der Alltagssprache durch Verwendung von Umgangssprache, Dialekt und Soziolekt • Verwendung von Ellipsen, Inversionen, Synkopen und Apokopen, Fäkal- und Slangwörtern • einfache Syntax und beschränkter Wortschatz • dient der Darstellung von sozialen Randexistenzen • betont die sozialen Ungerechtigkeiten, sozialkritischer Ansatz • Beispiel: Dramen des Realismus wie **Büchners** *Woyzeck* oder des 20. Jahrhunderts wie **Franz Xaver Kroetz'** *Oberösterreich*

Dialog und Monolog

FIGURENREDE Spricht eine Figur mit einer oder mehreren anderen, nennt man das Dialog; spricht sie zu sich selbst, nennt man es Monolog. Monolog und Dialog haben identische, aber auch andersartige Funktionen. Gemeinsam ist ihnen, dass sie die für das Verständnis der Handlung wichtigen Informationen transportieren.

FUNKTIONEN DES MONOLOGS

- Mitteilung von Gefühlen und persönlichen Einstellungen
- Erläuterung von Beziehungen zu anderen Figuren
- Aussagen über das weitere eigene Verhalten und Handeln

MONOLOGARTEN	
lyrischer Monolog	ausdrucksstarkes Selbstgespräch, in dem die Figur ihre Gefühle darstellt oder ihre Situation reflektiert
epischer Monolog	ausführliche Schilderung der Vorgeschichte oder anderer Handlungen, die nicht auf der Bühne dargestellt werden
Reflexionsmonolog	Nachdenken über die allgemeine Situation, über ein konkretes Ereignis oder über zukünftige Entscheidungen
Konfliktmonolog	dramatische Steigerung der Reflexion bzw. Erörterung des Für und Wider einer Entscheidung oder einer Handlung

FUNKTIONEN DES DIALOGS

- Vorantreiben der Handlung
- Charakterisierung der Figuren
- Darstellung von Beziehungen
- Information über Beweggründe der Figuren

- Veranschaulichung der Figuren, ihrer Sprech- und Denkweise

Dialoge finden zwischen zwei oder mehreren Figuren statt. Die Aussage einer Figur ist deshalb gleichzusetzen mit einer sprachlichen Handlung (auch „Sprechakt“ genannt), die die Reaktion einer anderen Figur nach sich zieht.

DIALOGARTEN	
Entscheidungsdialog	sachliches Gespräch über einen Sachverhalt, der entschieden werden soll
Erkundungsdialog	sachliches Gespräch zum Zweck des Meinungsaustausches
Enthüllungsdialog	Gespräch zwischen Figuren, die etwas aufdecken bzw. vertuschen wollen
Expositionsdialog	Gespräch, das die Handlungsvoraussetzungen deutlich macht
Auseinandersetzung	Gespräch, in dem ein Konflikt ausgetragen wird
Aneinandervorbeireden	unechtes Gespräch, da die Gesprächspartner einander nicht verstehen können

MISCHFORMEN Ein dialoghafter Monolog liegt vor, wenn eine Figur sich an eine andere wendet, die nicht anwesend ist (z. B. eine Gottheit, die angerufen wird) oder wenn sie mögliche Einwände eines Kontrahenten argumentativ vorwegnimmt. Um einen monologhaften Dialog handelt es sich, wenn in einem Gespräch eine Figur der anderen nicht zuhört oder eine Figur, ohne die andere zu beachten, ihre Argumente vorbringt.

Sprechen zum Publikum

Besonders im 20. Jahrhundert ist es üblich geworden, dass die Figuren ihren Text nicht nur zu ihren Partnern oder Widersachern auf der Bühne sprechen, sondern dass sie sich direkt an das Publikum wenden bzw. ihr Sprechtext nur für dieses bestimmt ist.

Monolog	In älteren Dramen häufig zur Information des Publikums über die Befindlichkeit einer Figur, ihrer Gedanken oder Absichten
Beiseitesprechen	Dem Monolog ähnlich, aber im Hinblick auf das Publikum formuliert
Chor(gesang)	Kommentierung des Geschehens oder Erläuterung von Zusammenhängen bzw. Preisgabe von Hintergrundinformation
Botenbericht	Dialogisches Sprechen; dient der Information einer Person bzw. des Zuschauers über ein Ereignis, das nicht auf der Bühne gezeigt werden kann, sondern im Hintergrund stattgefunden hat
Mauerschau	Dialogisches Sprechen; dient der Information über ein Ereignis, das zeitgleich auf einem fiktiven Nebenschauplatz stattfindet

Raum- und Zeitgestaltung

QUICK-FINDER

Raumkonzeption und Raumgestaltung

BÜHNE ALS KUNSTRAUM Der Zuschauer im Theater weiß, dass die Situation, die er auf der Bühne vorfindet, künstlich ist: Weder die Zeit noch der Ort stimmen mit der Realität überein. So ist jedem Theaterbesucher, der **Goethes** Drama *Faust I* sieht, bei der Szene Osterspaziergang genau bewusst, dass es weder Ostersonntag noch Morgen ist, und dass die Figuren nicht wirklich im Freien spazieren gehen, sondern auf der Bühne agieren.

BÜHNE ALS IMAGINATIONSRAUM Die Bühne dient als Raum für Imagination, der entweder durch gestalterische Mittel, also **Ausstattung**, **Dekoration**, oder durch die **Figurenrede** der Bühnenkonzeption des Autors angepasst wird.

RAUMKONZEPTE	
Handlungsraum	Der Raum, in dem die Dramenhandlung abläuft. Beispiel: Dachboden in Herrn Biedermanns Haus (in **Max Frisch**, *Biedermann und die Brandstifter*)
Stimmungsraum	Der Raum, der die Stimmung der Figuren veranschaulicht. Beispiel: Das hohe, gotische Zimmer in der Szene Nacht aus **Goethes** Drama *Faust I*

Lebensraum	Der Raum, der die Lebensumstände der Figuren veranschaulicht und diese charakterisiert. Beispiel: Das Zimmer der Selickes in **Arno Holz'** und **Johannes Schlafs** Schauspiel *Die Familie Selicke*
Symbolraum	Der Raum, der die Kräfte, die in der Handlung aufeinandertreffen, verdeutlicht. Beispiel: Das Wohnzimmer der Familie Krause aus **Gerhart Hauptmanns** Drama *Vor Sonnenaufgang*, in dem, wie in der Regieanweisung vermerkt, moderner Luxus auf bäuerische Dürftigkeit „gepfropft" ist

Zeit und Zeitgestaltung

KONZEPTION DER ZEIT Das Drama zeigt einen Ausschnitt aus der Wirklichkeit, dessen zeitliche Gestaltung genau konzipiert sein muss.

Der Autor legt dabei folgende Einzelheiten fest:
- das Verhältnis von **Spielzeit** (Dauer der Aufführung) und **gespielter Zeit** (Dauer der Handlung),
- Beibehaltung der **Chronologie** der Handlung bzw. Abweichen davon durch **Unterbrechungen** oder **Zeitsprünge** bzw. **Zeitraffungen**,
- **Simultaneität** (gleichzeitige Darstellung von verschiedenen Handlungselementen).

UNTERSUCHUNGSASPEKTE

Zeitliche Situierung der Handlung:
- Wann spielt die Handlung?
- Welche historische Epoche bildet den Rahmen für das Bühnengeschehen?
- Ist diese Epoche realistisch oder stilisiert dargestellt?

Zeit der Dramenhandlung:
- Zeit der Aufführung
- In welchem zeitlichen Verhältnis steht das Bühnengeschehen zur Aufführung?
- Entstammt die auf der Bühne dargestellte Situation dem Erfahrungsbereich der Zuschauer oder gibt es Verständnisschwierigkeiten?
- Kann sich der Zuschauer mit der dargestellten Situation identifizieren oder ist sie ihm fremd?

Bedeutung des Handlungszeitpunkts für die Figuren:
- Welche Bedeutung hat der Handlungszeitpunkt für die Figuren?
- Befinden sie sich in einer persönlichen Krisensituation?
- Stehen sie an einem Wendepunkt ihres Lebens?

Symbolische Bedeutung der Zeit:
- Kommt der Zeit der Dramenhandlung symbolische Bedeutung zu?
- Spielt das Geschehen an weltlichen oder kirchlichen Festtagen, in mystischen Momenten (z. B. Mitternacht), an Wendepunkten des politischen Lebens oder der Menschheitsgeschichte?

„Drei Einheiten" des Aristoteles

ANTIKE POETOLOGIE Jahrhundertelang hatte die auf die Poetik des Aristoteles zurückgehende Idee der so genannten „drei Einheiten" die Konzeption von Dramen beeinflusst. Demnach sollten in jedem Drama

- die **Einheit der Zeit**,
- die **Einheit des Ortes** und
- die **Einheit der Handlung** gewahrt sein.

Diese Regelung ist auf die dramaturgischen Verhältnisse in der Antike zurückzuführen und meint, dass ein Drama eine spielbare Länge haben und dass es an einem Ort, nämlich der Bühne, aufführbar sein müsse. Zudem dürfe es in der Handlungsführung nicht ausschweifend sein, um das Verständnis der Zuschauer nicht zu überfordern.

MODERNE ENTWICKLUNG Von einzelnen Vorläufern abgesehen (z. B. **Georg Büchner**, *Woyzeck*) begannen die Autoren erst im 20. Jahrhundert, sich von diesen Vorgaben abzuwenden. Als bedeutende Neuerung gilt das epische Theater **Bertolt Brechts**.

Dramatische Gattungen und Formen

QUICK-FINDER

Tragödie

TRAGÖDIE IN DER ANTIKE Der griechische Philosoph Aristoteles verlangt von der Tragödie, dass sie den Menschen moralisch bessern solle. Das geschieht seiner Theorie zufolge, indem der Zuschauer die tragischen Affekte phobos (Schauder) und eleos (Jammer) mitlebt. Durch das heftige Durchleben dieser Gefühlsregungen wird der Zuschauer von diesen gereinigt, woraus eine seelische Stabilisierung resultiert (Katharsis).

DER TRAGISCHE KONFLIKT Die Tragödie zeigt einen Menschen in einer Entscheidungssituation. Aus der Frage: Wie wird sich der Mensch entscheiden, wie wird er sein Schicksal beeinflussen? ergibt sich eine Spannung, auf der die Tragödienhandlung aufbaut. Die Tragödie lebt von dieser Spannung, die menschlichem Handeln zugrunde liegt. Denn wer etwas unternimmt, wählt immer aus einer kleineren oder größeren Anzahl von Möglichkeiten aus. Ein tragischer Held steht vor einer Entscheidung, die er treffen muss, in der Hoffnung, damit den Konflikt zu lösen. Die Grenzsituation, in der er sich befindet, lässt jedoch keine Entscheidung zu, die alles zum Positiven wendet. Hin- und hergerissen zwischen mindestens zwei einander ausschließenden Lösungsmöglichkeiten, muss der tragische Held immer scheitern, auch wenn er sich nach Kräften bemüht, der schicksalhaften Wendung des Geschehens zu entgehen. In der antiken Tragödie scheitert er an der göttlichen Übermacht, im Drama des 17. bis 19. Jahrhunderts meist an den gesellschaftlichen Rahmenbedingungen oder an seinem eigenen Charakter.

DER TRAGISCHE HELD Aristoteles legte fest, dass in der Tragödie nur hohe Standespersonen vorkommen dürfen (Ständeklausel). Davon rückte Lessing im 18. Jahrhundert unter dem Einfluss Shakespeares ab – nun galten auch Bürger und „einfache Leute" als tragödienfähig; das „bürgerliche Trauerspiel" war entstanden.

FORM DES KLASSISCHEN DRAMAS Die Dichter des 17.–19. Jahrhunderts wählten zur Darstellung ihrer Tragödienstoffe (oft auch der Komödien) die geschlossene Form des fünfaktigen Dramas, das auf Aristoteles zurückgeht. Dieser forderte die sog. „drei Einheiten": die Einheit der Handlung (es sollte keine Nebenhandlungen geben), die Einheit des Ortes (das Geschehen sollte an einem Ort spielen) und die Einheit der Zeit (die Handlung sollte sich innerhalb von 24 Stunden ereignen).
In der klassischen Zeit schrieben die Dichter vorwiegend im Blankvers (fünfhebiger Jambus ohne Reim), später verwendeten sie auch im geschlossenen Drama Prosa.

Komödie

URSPRUNG DER KOMÖDIE Auch die Komödie hat ihren Ursprung im antiken Athen und war Teil des Dionysos-Kultes. Doch anders als die Tragödie wurden in der Komödie aktuelle politische Probleme überzeichnet dargestellt, Politiker und Gelehrte verspottet. Auch Götter, die menschliche Züge trugen, wurden auf der Bühne dargestellt.

KOMÖDIE IM BAROCK ... In den deutschen Komödien stand das Verlachen der Mitmenschen im Vordergrund.

Andreas Gryphius hielt sich mit seinem „Schimpfspiel" *Herr Peter Squentz* (1657) an die so genannte Ständeklausel, die **Martin Opitz** und **Johann Christoph Gottsched** in ihren Poetiken noch aufrechterhielten. Sie besagt, dass in der Komödie einfache Bürger und ihre Verhaltensweisen zum Gespött gemacht werden sollten.

... IN DER AUFKLÄRUNG Erst in der Aufklärung erfuhr die Komödie eine Aufwertung. Die Sächsische Komödie hatte ihre Blütezeit in der ersten Hälfte des 18. Jahrhunderts und wurde vor allem von Vertretern der Gottsched-Schule gepflegt. Ziel dieses Komödientypus war es, die Gattung aufzuwerten und für eine Erziehung des Bürgertums zu tugendhaftem Verhalten nutzbar zu machen. Das rührende Lustspiel **Christian Fürchtegott Gellerts** wollte die Zuschauer nicht durch das Verlachen des Protagonisten, sondern durch die Darstellung einer nachahmenswerten Handlung bessern.
Den Höhepunkt der Aufklärungskomödie bildet **Lessings** Lustspiel *Minna von Barnhelm* (1767). Lessing stellt darin mit Wortwitz und Situationskomik einen Geschlechterkonflikt zwischen Minna und dem preußischen Offizier von Tellheim dar. Am Ende der Komödie erkennt Tellheim, dass er seine zukünftige Gattin in seine privaten Entscheidungen hätte einbeziehen müssen – die Komödie trägt also (ganz im Sinn der Aufklärung) emanzipatorische Züge.

... UND IM 20. JAHRHUNDERT Eine Neubewertung der Komödie erfolgte im 20. Jahrhundert durch **Friedrich Dürrenmatt**. In seinem Vortrag *Theaterprobleme* (1954) begründet Dürrenmatt seine Vorliebe für die Komödie so: „Die Tragödie setzt Schuld, Not, Maß, Übersicht, Verantwortung voraus. In der Wurstelei unseres Jahrhunderts, in diesem Kehraus der weißen Rasse, gibt es keine Schuldigen und auch keine Verantwortlichen mehr. Alle können nichts dafür und haben es nicht gewollt … Uns kommt nur noch die Komödie bei …“.

Tragikomödie

DEFINITION Die Tragikomödie ist ein Schauspiel, das tragische und komische Elemente miteinander verbindet. Komische Motive und Situationen verstärken dabei die Tragik der Gesamthandlung.

LEISTUNG DER TRAGIKOMÖDIE Das Nebeneinander von tragischen und komischen Elementen verstärkt den Realitätsgehalt, da dies menschlichen Erfahrungen entspricht. Neben den typischen Tragikomödien (z. B. **Gerhart Hauptmann**, *Die Ratten)* gibt es im 20. Jahrhundert viele Stücke, die zwar die Gattungsbezeichnung nicht tragen, bei denen aber die tragikomische Struktur vorhanden ist (z. B. **Friedrich Dürrenmatt**, *Der Besuch der alten Dame, Die Physiker,* **Max Frisch**, *Biedermann und die Brandstifter).*

Formen des Dramas

ABSURDES THEATER Absurdes Theater (von lat. *absurdus*: misstönend) ist ein Theater des Unheimlichen. Es zeigt unsere Alltagswelt in erschreckenden Formen verzerrt. Da nicht die Stücke selbst absurd sind, sondern sie die Welt als absurd zeigen, spricht man besser vom „Theater des Absurden“. Im Theater des Absurden nehmen

die Personen die Außenwelt nur noch durch die Brille ihrer Ängste, Zwangsvorstellungen und Wahnbilder wahr. Sie selbst sind nur Marionetten; eine äußere Handlung, die auf dem freien Willen der Figuren basiert, gibt es nicht, eine echte Kommunikation ist nicht möglich. Die Figuren sind in vorgefertigten Sprachmustern gefangen, die sie reproduzieren, sie verlieren sich in einer Häufung von Gemeinplätzen, Halbwahrheiten, Klischees und Stereotypen. Ihre Sprache ist Ausdruck ihrer Entfremdung in einer sinnentleerten Welt, die von Kälte, Endzeit- und Untergangsstimmung beherrscht ist.
Beispiele: **Samuel Beckett,** *Warten auf Godot;* **Eugène Ionesco,** *Die Nashörner;* **Wolfgang Hildesheimer,** *Die Uhren*

BÜRGERLICHES TRAUERSPIEL In ihrem Erziehungsoptimismus setzten die Autoren der Aufklärung vorwiegend auf das Theater. Die Bühne hielten sie für den geeigneten Ort, ihre Ideen einem breiteren Publikum nahezubringen. Mit dem bürgerlichen Trauerspiel setzten sie sich von den Haupt- und Staatsaktionen des Barock ab, verwarfen die Ständeklausel und brachten ernstzunehmende Personen auf die Bühne, die aufklärerisches Gedankengut vertraten. Die Theaterbesucher, die vorwiegend dem Bürgertum entstammten, erkannten sich und ihre Lebenswirklichkeit wieder und wurden zu verlässlichen Besuchern der Aufführungen.

Die Entwicklung des bürgerlichen Trauerspiels beginnt in der Epoche der Aufklärung – das 18. Jahrhundert war zugleich der Höhepunkt dieser Gattung. Das Theater war äußerst publikumswirksam, viele Menschen, die nicht lesen konnten oder kaum Zeit für private Lektüre fanden, gingen ins Theater. Bühnenstücke eigneten sich deshalb besonders für die erzieherischen Absichten der Dichter der Aufklärung.

Die Tragik der Handlung entfaltet sich in der Welt des Bürgertums und resultiert oft aus einem Konflikt mit dem Adel. Kennzeichen des bürgerlichen Trauerspiels:

- Bürger und bürgerlich denkende Menschen, die prinzipiell allen Schichten angehören können, stehen im Mittelpunkt.
- Die Ständeklausel (ernsthafte Darstellung der höfischen Welt in der Tragödie, lächerliche Darstellung der nichtadeligen Welt in der Komödie) ist aufgehoben.
- Bürgerliches Denken und Handeln ist an einen ausgeprägten Moralkodex gebunden, der dem höfischen Verhalten entgegengesetzt ist: Liebe und Treue zwischen den Eheleuten vs. höfischer Mätressenwirtschaft, Zusammenhalt in der Familie vs. Dualismus privates/öffentliches Leben, Ehrlichkeit vs. Intrigantentum, Menschlichkeit und Mitleid vs. rücksichtslose Durchsetzung eigener Interessen, Tugend und Empfindsamkeit als allgemeinmenschliche Werte vs. Machtkalkül.
- Die Handlung des bürgerlichen Trauerspiels ist in der privaten Sphäre der Protagonisten angesiedelt; öffentlich-politische Aspekte werden nicht thematisiert.

Das bürgerliche Trauerspiel konnte die Ideen von der Emanzipation des Bürgertums vermitteln und wurde deshalb von den Autoren besonders gepflegt. Die heute noch bekanntesten bürgerlichen Trauerspiele stammen aus der Aufklärung und der sich anschließenden Sturm und Drang-Zeit, die noch in den Gedanken der Aufklärung verwurzelt war.

Wichtige Autoren und Werke des bürgerlichen Trauerspiels:
- **Gotthold Ephraim Lessing:** *Miss Sara Sampson* (1755), *Emilia Galotti* (1772)
- **Friedrich Schiller:** *Kabale und Liebe* (1783)
- **Heinrich Leopold Wagner:** *Die Kindermörderin* (1776)

Das bürgerliche Trauerspiel ist eine Gattung des 18. Jahrhunderts. Schon im 19. Jahrhundert, als das Bürgertum die führende gesellschaftliche Rolle erlangt hatte, kommt dem bürgerlichen Trauerspiel keine nennenswerte Bedeutung mehr zu. Lediglich **Friedrich Hebbel** nahm diese Gattung wieder auf, er gab dem bürgerlichen Trauerspiel aber eine neue Wendung: Die Konflikte spielten sich in seinen Dramen (z. B. *Maria Magdalena*, 1844) innerhalb des Bürgertums ab.

DOKUMENTARTHEATER Das dokumentarische Theater kam in den 60er-Jahren des 20. Jahrhunderts als Gegenbewegung zu Brechts epischem Theater, das man für wirkungslos hielt, auf. Es entstanden Stücke, die auf historischen oder juristischen Quellen basieren, die vom Autor arrangiert wurden. So thematisiert **Rolf Hochhuth** in seinem Stück *Der Stellvertreter* (1963) das Schweigen Papst Pius XII. zur Judenvernichtung durch die Nationalsozialisten; **Heinar Kipphardt** brachte die Vernehmung des Atomphysikers Oppenheimer auf die Bühne (*In der Sache J. Robert Oppenheimer*, 1964), die auf Verhandlungsprotokollen des amerikanischen Sicherheitsausschusses basiert.
Das dokumentarische Drama ist ein politisches Theater; es ist scheinbar realitätsnah, da es auf authentischen Quellen basiert. Die künstlerische Leistung der Autoren besteht in der Auswahl und Anordnung des Materials,

das dadurch ein eigenes Gewicht bekommt und Situationen zugespitzt darstellt.

GESCHICHTSDRAMA Das Geschichtsdrama ist ein Dramentyp, in dessen Zentrum die tatsachengetreue oder in künstlerischer Freiheit bearbeitete Darstellung von geschichtlichen Ereignissen, Stoffen oder Situationen steht. Thematisch geht es im Geschichtsdrama um das Verhältnis des Einzelnen zur Geschichte, um die gestalterischen Möglichkeiten des Individuums, die Autonomie des Helden sowie eine konkrete historische Situation als Möglichkeit für existenzielle Grenzerfahrungen. Geschichtsdramen gibt es seit der Antike (**Aischylos**, *Die Perser*), eine Blütezeit erfuhr die Gattung unter **Shakespeare** im elisabethanischen England.

Weitere Beispiele: **Johann Wolfgang von Goethe**, *Götz von Berlichingen*; **Heinrich von Kleist**, *Prinz Friedrich von Homburg*; **Friedrich Schiller**, *Wallenstein*, *Maria Stuart*; **Georg Büchner**, *Dantons Tod*; **Gerhart Hauptmann**, *Die Weber*; Dramen von **Peter Hacks** und **Heiner Müller**

IDEENDRAMA Das Ideendrama ist ein Dramentyp, bei dem nicht die Handlung oder ein bestimmter Charakter, sondern eine Idee oder Weltanschauung im Mittelpunkt steht. Wichtige Dramen dieses Typus wurden vor allem im 18. Jahrhundert geschrieben, z. B. **Lessings** *Nathan der Weise* (Idee der Toleranz) und **Goethes** *Iphigenie auf Tauris* (Idee der Humanität).

Das Ideendrama ist ein geschlossenes Drama, dem ein geschlossenes Weltbild zugrunde liegt. Das bedeutet Folgendes:

- Existenzielle philosophische Themen werden auf der Bühne dargestellt. Dabei endet die Handlung mit einer Lösung des Problems.
- Die äußere Handlung sowie Zeit, Ort und Personen entstammen meist der griechischen Mythologie oder der Geschichte.
- Der Schwerpunkt liegt auf der inneren Handlung, d. h. in den Gedanken und Empfindungen der Personen, und wird durch Personenrede (Monolog und Dialog) ausgedrückt.
- Hoher Stil (z. B. Verssprache, Stichomythie, Antilabe) unterstützt durch eine Vielzahl sprachlich-stilistischer Mittel und ein einheitliches Vermaß prägt die Figurenrede.
- Das klassische Ideendrama ist in Akte und Szenen gegliedert. Meist bestehen die Dramen aus drei oder fünf Akten.

KRITISCHES VOLKSSTÜCK Das kritische Volksstück ist im 20. Jahrhundert entstanden. Es ist geprägt durch eine realistische Darstellung von Figuren aus dem Volk, thematisiert werden Probleme und Missstände, mit denen der Durchschnittsbürger konfrontiert ist. Einfacher Aufbau, klare Handlungsführung, desillusionierte Weltsicht, Verwendung von verfremdeten Elementen des traditionellen Volksstücks und der Dialekt als Ausdruck eingeschränkter Wirklichkeitswahrnehmung kennzeichnen die Form.

Beispiele: **Ludwig Thoma,** *Magdalena;* **Ödön von Horváth,** *Geschichten aus dem Wienerwald;* **Marieluise Fleißer,** *Pioniere in Ingolstadt;* **Martin Sperr,** *Jagdszenen aus Niederbayern;* **Franz Xaver Kroetz,** *Stallerhof*

PARABELSTÜCK Die Form geht zurück auf den literarischen Parabelbegriff, der besagt, dass durch Analogieschluss eine zu enträtselnde allgemeine Wahrheit des menschlichen Lebens durch einen Vergleich des Dargestellten mit dem Gemeinten vom Rezipienten gewonnen werden muss. Das Parabelstück im 20. Jahrhundert will unterhalten und belehren, indem es existierende gesellschaftliche Phänomene (z. B. Geist und Macht, Macht und Moral, Verantwortung des Einzelnen in der Massengesellschaft) vereinfacht darstellt.
Beispiele: **Bertolt Brecht,** *Der gute Mensch von Sezuan, Der aufhaltsame Aufstieg des Arturo Ui,* **Max Frisch,** *Andorra,* **Friedrich Dürrenmatt,** *Die Physiker*

SPRECHSTÜCKE zählen zum experimentellen Theater und sind eine moderne dramatische Form. Ihre Hauptvertreter im deutschsprachigen Raum sind **Ernst Jandl** und **Peter Handke**. Handke versteht das Sprechtheater als Gegenentwurf zum bestehenden Theater, insofern es nicht nur den Illusionscharakter auflösen will, sondern diesen ganz verweigert. Nach Handkes eigener Definition gibt das Sprechtheater kein Bild von der Welt wieder. Dies stimmt in Bezug auf die fehlende äußere Handlung der Stücke; nichtsdestotrotz schafft das Sprechtheater ein Abbild der Welt, wie es sich aus der Sprache ergibt. Monologe und Dialoge werden parodistisch verwendet und analysieren die üblichen Kommunikationsmuster; damit zeigt sich der scheinkommunikative Charakter, der nach Ansicht der Autoren jeder Kommunikation innewohnt. Dem Sprechtheater liegt damit eine sprach- und gesellschaftskritische Intention zugrunde.
Beispiele: **Peter Handke:** *Kaspar, Publikumsbeschimpfung,* **Ernst Jandl:** *In der Fremde*

Richtiges Zitieren

Bei manchen Aufsatzformen ist es nötig, Passagen aus dem Originaltext wiederzugeben, um durch diese Textbelege eine Behauptung oder die eigene Meinung zu stützen. Werden besondere Gedanken, Begriffe, Wendungen oder ganze Sätze aus einem anderen Text übernommen, spricht man von einem Zitat.

Beim Zitieren darf man nicht einfach abschreiben; man muss sich an die allgemeinen Regeln des Zitierens halten und fremde Texte und Textstellen kenntlich machen.
Grundlegende Zitierregeln sind:

- Wörtliche Übernahme aus fremden Texten ist durch Anführungszeichen kenntlich zu machen und mit einer Quellenangabe zu versehen.
- Die sinngemäße Übernahme aus fremden Texten bedarf ebenfalls eines Herkunftsnachweises.

Folgende Möglichkeiten der Textübernahme aus einem anderen Text, des Zitierens, gibt es (alle Textbeispiele beziehen sich auf das Schauspiel *Andorra* von **Max Frisch**):

Nachgestelltes Zitat (in Klammern)
Barblin weist den Soldaten, der sie begafft, ab („Wenn du nicht die ganze Zeit auf meine Waden gaffst, dann kannst du ja sehen, was ich mache.“, S. 7).
Hinweis: Beim Herkunftsnachweis eines Zitats, der immer in einer Klammer steht, verwendet man die Abkürzungen S. (für Seite); wenn im Text auch die Zeilen oder Verse nummeriert sind, gibt man auch diese an: Z. (für Zeile) oder V. (für Vers). Im Drama orientiert man sich oft auch an Akten (I, II, III usw.) und Szenen (1, 2, 3 usw.).

Findet sich der Originaltext in einer einzigen Zeile, schreibt man z. B. Z. 13, reicht er auf die nächste Zeile hinüber, schreibt man Z. 13 f. (f. steht für folgende). Reicht der Text über mehrere Zeilen, schreibt man entweder Z. 13 – 16 oder Z. 13 ff. (ff. für fortfolgende).

Nachgestelltes Zitat (nach Doppelpunkt)
Barblin weist den Soldaten, der sie begafft, ab: „Wenn du nicht die ganze Zeit auf meine Waden gaffst, dann kannst du ja sehen, was ich mache." (S. 7).

In den Satz einbezogenes Zitat
Barblin weist den Soldaten mit der Aufforderung, er solle „nicht die ganze Zeit auf [ihre] Waden gaff[en]", ab (S. 7).
Hinweis: Wenn man in einem Zitat Wörter oder Teile davon verändert, muss man dies durch eine eckige Klammer kenntlich machen.

Zitierung einzelner Wörter
Barblin weist den Soldaten mit den Worten, er solle sie nicht „angaffen" (S. 7), ab.

Sinngemäße Übernahme (Paraphrase)
Barblin weist den Soldaten, dem sie vorwirft, er würde ihr nachstellen (nach S. 7), ab.

Der Verweis
Barblin weist den Soldaten ab. Es ist ihr lästig, dass er sie begafft und ihr nachstellt (vgl. S. 7).
Hinweis: Bei der sinngemäßen Übernahme und beim Verweis wird keine Textstelle wörtlich zitiert, was durch die Kürzel vgl. (für vergleiche), nach oder s. (für siehe) verdeutlicht wird.

3 Lyrik

Sprecher und Inhalt

QUICK-FINDER

Kommunikationssituation im Gedicht

SPRECHER UND ADRESSAT Wer spricht in einem lyrischen Text zu wem über welchen Inhalt? Das sind die grundlegenden Fragen, wenn es um die Kommunikationssituation in einem Gedicht geht.
Nur in ganz seltenen Fällen spricht der Autor von sich selbst. Dies wird deutlich, wenn er im Gedicht seinen eigenen Namen nennt.

- Beispiel: **Bertolt Brecht**, *Vom armen B. B.*
  Die erste Strophe lautet:
  Ich, Bertolt Brecht, bin aus den schwarzen Wäldern.
  Meine Mutter trug mich in die Städte hinein
  Als ich in ihrem Leibe lag. Und die Kälte der Wälder
  Wird in mir bis zu meinem Absterben sein.

ROLLENGEDICHT Auch wenn das Gedicht in der 1. Person Singular verfasst ist, meint der Autor meist nicht sich selbst.

- Beispiel: **Eduard Mörikes** Gedicht *Das verlassene Mägdlein*.
  Es beginnt mit den Versen:
  Früh, wann die Hähne krähn,
  Eh' die Sternlein verschwinden,
  Muß ich am Herde stehn,
  Muß Feuer zünden.

Diese Schilderung trifft nicht für den Autor Mörike zu, sie wird vielmehr von einer Figur geäußert, der Mörike diese Worte in den Mund legt. Da diese Figur im Gedicht genau benannt wird, also eine Rolle angegeben ist, spricht man von einem **Rollengedicht**.

NEUTRALER SPRECHER Oft wird der Gedichtinhalt von einer anonymen Stimme wiedergegeben:

Conrad Ferdinand Meyer
Zwei Segel

Zwei Segel erhellend
Die tiefblaue Bucht!
Zwei Segel sich schwellend
Zu ruhiger Flucht!

Wie eins in den Winden
Sich wölbt und bewegt,
Wird auch das Empfinden
Des andern erregt.

Begehrt eins zu hasten,
Das andre geht schnell,
Verlangt eins zu rasten,
Ruht auch sein Gesell.

Dieses Gedicht kann sich auf die Situation Meyers (ein Erlebnis oder eine Erkenntnis) beziehen, muss es aber nicht; im Text gibt es keinen Hinweis auf einen solchen Bezug. Man spricht deshalb von einem **neutralen Sprecher (oder einem verdeckten Sprecher)**.

Das lyrische Ich

EIN FIKTIVES ICH ALS SPRECHER Das lyrische Ich ist nicht identisch mit dem Autor. Es ist ein von diesem erfundener Sprecher, der sich in der Ich-Form oder einer anderen persönlichen Form äußert.

ÄUSSERUNGSFORMEN DES LYRISCHEN ICHS	
im Singular	**im Plural**
als Personalpronomen: als Sprecher-Ich	wir, uns
als Possessivpronomen: mein, meiner, mir, dein, dich	unser, unsere, unseren
versteckt in der Anrede: du, dich, dir	ihr, euer

CHARAKTERISIERUNG Oft ist eine genauere Bestimmung des lyrischen Ichs möglich:

- Spricht das Ich von sich selbst und seinen Erlebnissen oder spricht es über die Welt (Gesellschaft, Natur, Religion)?
- Äußert das lyrische Ich Gefühle, Hoffnungen, Ängste, Zweifel?
- Spricht es als Einzelner oder in Übereinstimmung oder stellvertretend für eine Gruppe?
- Will sich das lyrische Ich nur äußern oder will es andere beeinflussen oder zum Handeln aufrufen?
- Äußert sich das lyrische Ich ironisch oder meint es seine Aussage ernst?

Thema und Motiv

THEMATIK Die zentrale Frage bei einem Gedicht lautet: Worum geht es? Damit ist nicht nur der Inhalt des Gedichts gemeint, sondern vor allem die **Thematik**:

- Wird eine Begebenheit dargestellt?
- Werden Menschen oder Dinge beschrieben?
- Drückt ein Ich seine Gedanken und Empfindungen aus?
- Werden philosophische Themen abstrakt behandelt?

FORMEN DER LYRIK

1. Bildhafte Lyrik

In der bildhaften Lyrik werden die Inhalte anschaulich gestaltet.

Erlebnislyrik	Lyrik, in der persönliche Erlebnisse des Dichters verarbeitet werden
Liebeslyrik	Lyrik, in der der gefühlsträchtige, geistig-seelische Bereich einer Liebesbeziehung thematisiert wird
Naturlyrik	Lyrik, in der es um Naturerscheinungen und Naturerleben geht
Alltagslyrik	Lyrik, die Themen und Probleme des Alltags behandelt
Politische Lyrik	Lyrik, die anschaulich und am konkreten Beispiel politische Zustände benennt oder kritisiert
Dinggedicht	Ein sinnlich-fassbarer Gegenstand wird sachlich-distanziert dargestellt

2. Gedankenlyrik

In der Gedankenlyrik werden philosophische Themen und theoretische Fragen abstrakt behandelt.

Philosophische Gedichte	In ihnen spiegeln sich die grundsätzlichen Fragen der Menschheit wider, z. B. „Was ist der Mensch?“, „Was ist Glück?“, „Was bedeutet der Tod?“.
Politische Gedichte	Sie behandeln grundsätzliche politische Fragen oder Probleme.
Lehrgedichte	Sie dienen der Wissensvermittlung; meist werden grundsätzliche Fragen an einem konkreten Beispiel gezeigt.

MOTIVIK Oft hilft auch der Titel, ein Gedicht zu verstehen, etwa wenn er einen genauen Hinweis auf Inhalt oder Thematik gibt (z. B. **Joseph von Eichendorff**, *Weihnachten*). Manchmal ist der Titel nichtssagend (z. B. **Goethe**, *Ein Gleiches*), manchmal sogar irreführend (z. B. **Günter Eich**, *Inventur*). Unter einem **Motiv** versteht man typische Grundsituationen, auf denen ein Text aufbaut. Motive werden erkennbar, wenn man die Schlüsselwörter herausarbeitet und nach Themen ordnet.

Wichtige Motivgruppen sind:

- **Situationsmotive** (Bewährung, Ehebruch, Einsamkeit, Krieg, Liebe, Tod, Verlassenwerden)
- **Typenmotive** (einsamer Mann, Liebende, verlassenes Mädchen, Wanderer)
- **Zeitmotive** (Abend, Abschied, Alter, Frühling, Jugend, Herbst, Morgen, Nacht, Weihnachten, Winter)
- **Raummotive** (Garten, Meer, Natur, Stadt, Wald)

Der gedankliche Aufbau eines Gedichts

STRUKTUR Die Verse eines Gedichts folgen immer einer gedanklichen Struktur. Diese kann sein:

- Die **lineare Darlegung** einer Handlung oder eines Gedankens. Dabei sind die Teile (Verse, Strophen, Sinnabschnitte) aneinandergereiht und zeigen eine zeitliche Abfolge oder eine gedankliche Steigerung.
- Eine **argumentative Reihung**: Die einzelnen Teile führen zu Teilergebnissen, am Ende des Gedichts steht oft ein Gesamturteil.
- Eine **antithetische Struktur**: Die Teile des Gedichts drücken Gegensätze aus (z. B. innerhalb eines Verses, wie im barocken Alexandriner).
- Eine **scheinbar sinnlose** oder sinnwidrige **Anordnung** von Buchstaben, Silben oder Wörtern (in der konkreten Poesie).

Bauelemente lyrischer Texte

QUICK-FINDER

Versfuß, Versmaß, Versform, Kadenz

BAUELEMENTE DES GEDICHTS Der Vers stellt ein zentrales Bauelement einer Strophe dar. Er ist ein kunstvoll gestaltetes Gebilde, das durch Metrik und Rhythmus bestimmt ist.
Das Versmaß (das Metrum) ergibt sich durch den regelmäßigen Wechsel von Hebungen und Senkungen, also durch den Wechsel von betonten und unbetonten Silben. Die kleinste Einheit ist der Versfuß, auch Takt genannt.

Folgende **Versfüße** (oder Takte) kommen in der deutschen Lyrik häufig vor:

VERSFUSS, TAKT	SCHEMA	BETONUNG	BEISPIEL
Jambus	x x́	unbetont betont	wa rúm
Trochäus	x́ x	betont unbetont	Lié be
Daktylus	x́ x x	betont unbetont unbetont	Dák ty lus
Anapäst	x x x́	unbetont unbetont betont	A na päśt

VERSMASS UND VERSFORMEN Jambus und Trochäus sind zweisilbige, Daktylus und Anapäst sind dreisilbige Versfüße. Beim Jambus und Anapäst steigt die Betonung an, sie werden zu den steigenden Versfüßen gerechnet; beim Trochäus und Daktylus fällt die Betonung, sie gehören zu den fallenden Versfüßen.

Je nach Art und Anzahl der Versfüße ergeben sich verschiedene **Versmaße**:

- ein zweihebiger (oder zweifüßiger) Jambus hat das Schema x x́ | x x́
- ein dreihebiger Trochäus hat das Schema x́ x | x́ x | x́ x
- ein vierhebiger Anapäst zeigt folgende Verteilung von betonten und unbetonten Silben: x x x́ | x x x́ | x x x́ | x x x́
- ein fünfhebiger Daktylus wird so dargestellt: x́ x x | x́ x x | x́ x x | x́ x x | x́ x x

Manche häufig vorkommenden Versformen tragen eigene Namensbezeichnungen.

JAMBISCHE VERSFORMEN	
Knittelvers	• 4-hebiger Jambus mit Endreim (dabei wird das Versmaß nicht immer streng eingehalten; zwei aufeinanderfolgende unbetonte Silben sind möglich) • x x́ | x x́ | x x́ | x x́ | x Ich grüße die Getreuen, Lieben **(Goethe, *Faust. Der Tragödie zweiter Teil*)**

	• Im 15. und 16. Jahrhundert weit verbreitet, wichtig aber erst seit Goethes „Faust“-Drama.
Blankvers	• 5-hebiger Jambus ohne Endreim • x x́ | x x́ | x x́ | x x́ | x x́ | x Das Land der Griechen mit der Seele suchend (**Goethe,** *Iphigenie auf Tauris*) • Seit **Lessings** *Nathan der Weise* (1779) der gebräuchlichste Vers des klassischen deutschen Dramas.
Alexandriner	• 6-hebiger Jambus mit Mittelzäsur • x x́ | x x́ | x x́ | | x x́ | x x́ | x x́ | x Du siehst, wohin du siehst, nur Eitelkeit auf Erden (**Gryphius,** *Es ist alles eitel*) • Wurde im Barock häufig verwendet.

TROCHÄISCHE BZW. DAKTYLISCHE VERSFORMEN	
Hexameter	• 6-hebiger Daktylus • x́ x x x́ x x x́ | x x́ x x x́ x x x́ x Im Hexameter steigt des Springquells flüssige Säule. (**Schiller,** *Das Distichon*) • Antiker Vers, der seit der Klassik wieder Verwendung findet. Wird meist zusammen mit dem Pentameter in der Form des Distichons verwendet.

Pentameter	• 5-hebiger Daktylus mit Zäsur • x́ x x́ x x x́ | x́ x x x́ x x x́ Im Pentameter drauf fällt sie melodisch herab. (**Schiller**, *Das Distichon*) • Antiker Vers, der seit der Klassik wieder Verwendung findet. Zusammen mit dem vorausgehenden Hexameter bildet er ein Distichon.
Distichon	• Verspaar bestehend aus Hexameter und Pentameter • x́ x x́ x x x́ | x x́ x x́ x x x́ x x́ x x́ x x x́ | x́ x x x́ x x x́ Im Hexameter steigt des Springquells flüssige Säule. Im Pentameter drauf fällt sie melodisch herab. (**Schiller**, *Das Distichon*) • Wurde vor allem in der Klassik von **Schiller** und **Goethe** (*Römische Elegien*) verwendet.

KADENZ Das Ende einer Verszeile wird als **Kadenz** bezeichnet:

- Endet der Vers mit einer unbetonten Silbe, spricht man von einer **weiblichen** oder **klingenden Kadenz**.
  Beispiel: Es war, als hätt der Himmel. (**Joseph von Eichendorff**, *Mondnacht*, Vers 1)
  Schema: x x́ x x́ x x́ <u>x</u>

- Endet der Vers mit einer betonten Silbe, spricht man von einer **männlichen** oder **stumpfen Kadenz**.
  Beispiel: Die Erde still geküßt. **(Joseph von Eichendorff,** *Mondnacht*, Vers 2)
  Schema: x x́ x x́ x x́
- Ist die drittletzte Silbe betont, spricht man von der **dreisilbig klingenden Kadenz**.
  Beispiel: Sterblichen
  Schema: x́ x x

Jambische Verse enden in der Regel männlich, trochäische weiblich.

Rhythmus

SPRACHMELODIE Ist vom Rhythmus eines Gedichts die Rede, so meint man damit den Klang des gesamten Gedichts, seine **Sprachmelodie**, die nicht objektiv beschreibbar ist. Der Rhythmus entzieht sich einer exakten wissenschaftlichen Beschreibung, er ergibt sich beim Lesen und ist von verschiedenen Faktoren abhängig.

Der Rhythmus wird beeinflusst durch
- das Versmaß,
- das Zusammenfallen von Satzgrenzen und Versgrenzen,
- die vom Dichter vorgesehene oder vom Leser vorgenommene Betonung,
- nötige oder sinnvolle Pausen,
- das Sprechtempo des Vortragenden und
- den Inhalt des Gedichts.

Allgemein gültige Begriffe und Kriterien existieren nicht. Man behilft sich mit beschreibenden Adjektiven wie

- **regelmäßig – unregelmäßig**
- **fließend – stockend**
- **gestaut – drängend**

ENJAMBEMENT UND ZEILENSTIL Der Rhythmus eines Gedichts wird entscheidend durch die Versgestaltung beeinflusst: Fallen Satzende und Versende zusammen, spricht man von **Zeilenstil.** Reicht der Satz über das Versende hinaus, „springt" er sozusagen in die nächste Verszeile, liegt ein Zeilensprung, **Enjambement** genannt, vor. Enjambements lassen Gedichte geschmeidiger, flüssiger und weniger abgehackt klingen.

Strophe und Strophenform

STROPHEN sind regelmäßige Abschnittsgliederungen von Versen oder Verspaaren gleichen Metrums. Dabei können die Strophenenden mit den Sinneinheiten eines Gedichtes zusammenfallen, müssen aber nicht. Eine Strophengliederung ist sowohl in traditionellen wie in modernen Gedichten anzutreffen.

VERSGRUPPEN Im 20. Jahrhundert hat die strophische Gliederung eines Gedichts an Bedeutung verloren. Moderne Gedichte sind oft nur in ungleichmäßige Abschnitte oder Versgruppen eingeteilt. Für ihre Zusammenstellung gibt es aber keine formalen Regeln oder Zwänge; man kann deshalb davon ausgehen, dass sie die inhaltliche Gliederung eines Gedichts wiedergeben.

HÄUFIGE STROPHENFORMEN:

2-zeilige Strophen

- **Verspaarkette:**
  jeweils zwei aufeinander folgende Verse reimen sich, Schema: aabb, eine der ältesten und einfachsten Strophenformen
  Fliegt der erste Morgenstrahl
  Durch das stille Nebeltal,
  Rauscht erwachend Wald und Hügel:
  Wer da fliegen kann, nimmt Flügel!
  (Eichendorff)

- **Distichon:**
  bestehend aus einem Hexameter und einem Pentameter:
  Im Hexameter steigt des Springquells flüssige Säule.
  Im Pentameter drauf fällt sie melodisch herab.
  (Schiller)

3-zeilige Strophen

- **Terzett:**
  Strophe bestehend aus drei Versen, kein festes Reimschema, u. a. im Sonett verwendet
  Doch schweig ich noch von dem, was ärger als der Tod,
  Was grimmer denn die Pest und Glut und Hungersnot
  Dass auch der Seelen Schatz so vielen abgezwungen.
  (Gryphius)

- **Terzine:**
  bestehend aus einem fünffüßigen Jambus,
  Reimschema aba / bcb / cdc:

Wie mich geheimnisvoll die Form entzückte!
Die gottgedachte Spur, die sich erhalten!
Ein Blick, der mich an jenes Meer entrückte, …
(Goethe)

4-zeilige Strophen

- **Quartett:**
  Strophe bestehend aus vier Versen, kein festes Reimschema, u. a. im Sonett verwendet:
  Wann, o lächelndes Bild, welches wie Morgenrot
  Durch die Seele mir strahlt, find ich auf Erden dich?
  Und die einsame Träne
  Bebt mir heißer die Wang herab!
  (Hölty)

- **Volksliedstrophe:**
  einfach gebaut, gleichmäßig, meist vierzeilig (bis zu neun Zeilen), oft regelmäßiger Wechsel von betonten und unbetonten Silben, gereimt:
  Am Brunnen vor dem Tore
  Da stand ein Lindenbaum.
  Ich träumt in seinem Schatten
  So manchen süßen Traum.

Mehrzeilige Strophen

- **Sestine:**
  sechszeilige Strophe, ohne festes Reimschema, kein bestimmtes Metrum:
  Ich lebte ganz: der ew'gen Kräfte Strom
  Zog hin durch mich, durchs Engste, durchs Atom
  Ich wurde aus dem Ring, der mich umengt,

Ins Unermessliche hinausgedrängt.
Ich fühlte, was ich sein kann, was ich bin,
Und gab, wie gern, für jenes dies dahin.
(Hebbel)

- **Stanze:**
  achtzeilige Strophe, fünffüßiger Jambus, Reimschema: abababcc
  Der Morgen kam; es scheuchten seine Tritte
  Den leisen Schlaf, der mich gelind umfing,
  Daß ich, erwacht, aus meiner stillen Hütte
  Den Berg hinauf mit frischer Seele ging;
  Ich freute mich bei einem jeden Schritte
  Der neuen Blume, die voll Tropfen hing;
  Der junge Tag erhob sich mit Entzücken,
  Und alles war erquickt, mich zu erquicken.
  (**Goethe**, *Zueignung, Faust. Der Tragödie erster Teil*)

- **Freie Rhythmen:**
  metrisch ungebundene, reimlose Verse ohne feste Strophengliederung:
  Bedecke deinen Himmel, Zeus,
  Mit Wolkendunst!
  Und übe, Knaben gleich,
  Der Disteln köpft,
  An Eichen dich und Bergeshöhn! …
  (**Goethe**, *Prometheus*)

Lyrische Sprache

QUICK-FINDER

Klang

KLANGGESTALT Der Klang ist ein wichtiges Stilmittel des Gedichts. Er kann die Aussage unterstreichen oder im Widerspruch zu ihr stehen. Bei der Untersuchung des Klangs sollte man sich zuerst von seinen subjektiven Empfindungen leiten lassen: Klingt ein Gedicht dumpf, dunkel und hart, entsteht meist eine gedämpfte Stimmung bzw. ein unangenehmer Eindruck. Klingt es hell, freundlich, weich und melodisch, entsteht ein angenehmer Eindruck.
Die Klanggestalt eines Gedichts ist besonders durch die betonten Vokale bestimmt. Helle Vokale (e – i – ei – ü) vermitteln eine fröhliche, dunkle Vokale (a – o – ö – u – au) eine gedämpfte Stimmung.

KLANGFIGUREN helfen, das Gedicht zu deuten:

- **Alliteration** (Stabreim) (gleicher Anlaut der betonten Silben bei mehreren Wörtern):
  Er hat sich gewiegt,
  Wo Weinen war
  (**Hugo von Hofmannsthal**, *Vorfrühling*)
  Wirkung: Steigerung der Eindringlichkeit

- **Anapher** (ein Wort oder eine Wortgruppe werden am Anfang aufeinander folgender Verse, Strophen oder Sätze wiederholt):
  Die alte Frau hat mich behext,
  Ich denke immer an die alte,
  Die alte Frau, die Gott erhalte!
  Die alte Frau hat mich so lieb
  (**Heinrich Heine**, *Nachtgedanken*)
  Wirkung: Verdeutlichung der Zusammengehörigkeit

- **Assonanz** (Kombination von Wörtern mit gleichen Vokalen bei verschiedenen Konsonanten):
  Töne – Flöhe
  Wirkung: Gleichklang, Harmonie

- **Lautmalerei** (Klangmalerei, Onomatopoesie) (Versuch, mit akustischen Reizen Wirkung zu erzielen):
  Und es wallet und siedet und brauset und zischt,
  Wie wenn Wasser mit Feuer sich mengt,
  Bis zum Himmel spritzet der dampfende Gischt
  (**Friedrich Schiller**, *Der Taucher*)
  Wirkung: Nachahmung natürlicher Laute, soll die Echtheit unterstreichen.

Reim

REIM ALS KLANGELEMENT Reime zählen zu den Klangelementen; wenn ein Gedicht reimt, klingt es. Von einem Reim spricht man, wenn zwei oder mehr Wörter vom letzten betonten Vokal an gleich klingen.

REIMARTEN, die in Gedichten gebräuchlich sind:
Anfangsreim (Anapher): Die ersten Wörter aufeinanderfolgender Verse reimen sich:
Ein Laub, das grünt und falbt geschwind.
Ein Staub, den leicht vertreibt der Wind.
(**Georg Friedrich Harsdörffer**, *Das Leben ist*)

Binnenreim: Ein Reim innerhalb eines Verses:
Eine starke, schwarze Barke
segelt trauervoll dahin.
(**Heinrich Heine**)

Endreime:

- **Reiner Reim**: Gleichklang von Wörtern ab dem letzten betonten Vokal:
  O sähst du, voller Mondenschein,
  Zum letzten Mal auf meine Pein
  (**Goethe**, *Faust. Der Tragödie erster Teil*)

- **Unreiner Reim**: Unreiner Gleichklang von Wörtern ab dem letzten betonten Vokal:
  Uralte Wasser steigen
  Verjüngt um deine Hüften, Kind!
  Vor deiner Gottheit beugen
  Sich Könige, die deine Wärter sind.
  (**Eduard Mörike**, *Gesang Weylas*)

- **Rührender Reim**: Gleichklang von Wörtern mit verschiedener Bedeutung:
  Wirt – wird, heute – Häute

- **Epipher**: Wiederholung des Wortes am Versende:
  Graut Liebchen auch vor Toten?
  O weh! Laß ruhn die Toten!
  (**Gottfried August Bürger**, *Lenore*)

REIMFOLGEN Bei den Endreimen unterscheidet man folgende **Reimfolgen**:

Paarreim: Zwei aufeinander folgende Verse reimen miteinander. Reimschema aabb:

Im Apfelbaume pfeift der Fink a
Sein: pinkepink! a
Ein Laubfrosch klettert mühsam nach b
Bis auf des Baumes Blätterdach b
(**Wilhelm Busch**, *Fink und Frosch*)

Kreuzreim: Jede zweite Verszeile reimt miteinander. Reimschema abab:

Aufsteigt der Strahl und fallend gießt a
Er voll der Marmorschale Rund, b
Die, sich verschleiernd, überfließt a
In einer zweiten Schale Grund; b
(**Conrad Ferdinand Meyer**, *Der römische Brunnen*)

Umarmender (umgreifender, umschließender) Reim: Die erste und vierte Verszeile reimen miteinander. Reimschema abba:

Palmström, etwas schon an Jahren, a
wird an einer Straßenbeuge b
und von einem Kraftfahrzeuge b
überfahren. a
(**Christian Morgenstern**, *Die unmögliche Tatsache*)

Schweifreim: Eignet sich besonders, um sechsversige Strophen zu bilden oder um die Terzette eines barocken Sonetts miteinander zu verbinden. Reimschema aabccb:

Der hohen Taten Ruhm muß wie ein Traum vergehn. a
Soll denn das Spiel der Zeit, der leichte Mensch, bestehn? a
Ach, was ist alles dies, was wir für köstlich achten. b
Als schlechte Nichtigkeit, als Schatten, Staub und Wind, c
Als eine Wiesenblum, die man nicht wieder findt! c
Noch will, was ewig ist, kein einig Mensch betrachten. b
(**Andreas Gryphius**, *Es ist alles eitel*)

Waise: Ein Vers, der mit keinem anderen reimt und dadurch besonders hervorgehoben ist:

Frühling läßt sein blaues Band	a
Wieder flattern durch die Lüfte;	b
Süße, wohlbekannte Düfte	b
Streifen ahnungsvoll das Land.	a
Veilchen träumen schon,	c
Wollen balde kommen.	d
Horch, von fern ein leiser Harfenton!	c
Frühling, ja du <u>bist's</u>!	<u>x</u>
Dich hab ich vernommen!	d

(**Eduard Mörike**, *Er ist's*)

Bildlichkeit

BILDHAFTE SPRACHE ALS KENNZEICHEN DES GEDICHTS

Häufiger als in anderen Literaturgattungen drücken sich die Autoren im Gedicht bildhaft aus. Manche Sprachbilder sind leicht zu erkennen und zu deuten, bei anderen muss man genauer hinsehen, um sie zu bemerken und zu entschlüsseln. In jedem Fall ist es aber so, dass Bilder nicht eindeutig sind, dass sie dem Leser die Möglichkeit zu eigenen Assoziationen eröffnen.

FORMEN BILDHAFTEN SPRECHENS

- Die einfachste Form bildhaften Sprechens ist der **Vergleich**. Mithilfe von Vergleichswörtern werden unterschiedliche Sinnbereiche zusammengebracht, z. B. Ein Mann wie ein Baum. Zwei getrennte Bedeutungszusammenhänge werden durch das Vergleichswort „wie" miteinander verknüpft. Dies ruft beim Leser Assoziationen wie „stark", „mächtig", „verwurzelt", „nicht

leicht umzuhauen“ usw. hervor. Diese Assoziationen sind viel umfassender, als es eine Beschreibung des Mannes durch den Autor an dieser Stelle sein könnte. Da Dichter gezwungen sind, sich in Gedichten äußerst knapp auszudrücken, verwenden sie oft Bilder. Beispiele für Vergleiche:
Schwarz wie die Nacht, stark wie ein Löwe, schlank wie eine Gerte.

- Die **Metapher** ist ein verkürzter Vergleich, sie verbindet zwei unterschiedliche Sinnbereiche, die aber im entscheidenden Punkt vergleichbar sind, ohne Vergleichswort; z. B. Das Licht der Wahrheit. Dabei ist gemeint, dass die Wahrheit so hell leuchtet wie Licht. Beispiele für Metaphern:
  Am Fuß des Berges, Flug der Gedanken, Flut der Ereignisse, Kälte des Herzens.

- Schwierig zu entschlüsseln ist die **Chiffre** (absolute Metapher), bei der die Autoren einfache, meist bildhafte Wörter unabhängig von ihrer eigentlichen Bedeutung in einem neuen Sinnzusammenhang, der bei der Deutung berücksichtigt werden muss, verwenden. Beispiel:
  Schwarze Milch der Frühe (**Paul Celan,** *Todesfuge*).
  Die Chiffre ist in der modernen Literatur zu finden.

- Von **Allegorie** spricht man, wenn ein abstrakter Begriff bildlich dargestellt wird. Dazu wird häufig die Personifikation verwendet.
  Beispiel: Die Figur der Justitia steht für die Gerechtigkeit; sie wird meist als Frau mit verbundenen Augen (Rechtsprechung ohne Ansehen der Person), Waage

(Abwägen des Urteils) und Schwert (richterliche Gewalt) dargestellt.

- Das **Symbol** ist ein sichtbares Zeichen, das als Sinnbild für einen abstrakten Sachverhalt verwendet wird.
  Beispiel: Das Kreuz gilt als Symbol für das Christentum. Es ist verbunden mit Leiden, Tod, aber auch mit christlicher Hoffnung.

Wortwahl

SPRACHLICHE KUNSTWERKE Gedichte sind besonders komprimierte Äußerungen von Autoren; man kann davon ausgehen, dass kein Wort zufällig verwendet wird. Es ist deshalb besonders wichtig, auf Auffälligkeiten bei der Wortwahl zu achten.

AUFFÄLLIGKEITEN IM WORTSCHATZ Oft werden in Gedichten Wörter verwendet, die nicht zum allgemeinen schriftsprachlichen Wortschatz gehören:

- **umgangssprachliche Wendungen:**
  z. B. Der <u>ausgeflippte</u> Have / Hier war ein dreister Sklave
  (**Wolf Biermann**, *Enfant perdu*)

- **Begriffe aus Fachsprachen:**
  z. B. Das <u>Tympanum</u> schlag ich mit großem Schall. / Ich hüte die Leichen im Wasserfall.
  (**Hugo Ball**, *Intermezzo*)

- **Dialektwörter:**
  z. B. <u>Jänner</u>, Feber, März, April … (**Gerhard Rühm**, *Jänner*)

- **Archaismen (veraltete Begriffe):**
  z. B. Und als er die güldenen Sporen ihm gab
  (**Ludwig Uhland,** *Die Rache*)

- **auffällig gehobene Ausdrücke:**
  z. B. Ob Rosen, ob Schnee, ob Meere, / was alles erblühte, verblich (**Gottfried Benn,** *Nur zwei Dinge*)

- **Neologismen (Wortneuschöpfungen):**
  z. B. Ameisenemsig, wie Eidechsen flink
  (**Paul Boldt,** *Auf der Terrasse des Café Josty*)

- **Diminutivformen (Verkleinerungsformen):**
  z. B. Und bis die Sternlein blinken, / Und bis zum Mondenschein ... (**Clemens Brentano,** *Auf dem Rhein*)

- Auffällige **Häufung von bestimmten Wortarten**, z. B. Verben, Adjektive, Substantive, Artikel, Personalpronomina.

- Auffallender Gebrauch von **Interjektionen:**
  Ach, ich merk es! Wehe! wehe! / Hab ich doch das Wort vergessen! / Ach, das Wort, worauf am Ende / Er das wird, was er gewesen. (**Johann Wolfgang von Goethe**, *Der Zauberlehrling*)

Satzbau

DER SATZBAU IN GEDICHTEN unterscheidet sich oft von dem, was man aus dramatischen oder epischen Texten kennt. Das kann das unmittelbare Verständnis erschweren, eröffnet aber auch manche Einsichten in andere Lesarten und Bedeutungsebenen.

SYNTAKTISCHE BESONDERHEITEN, die häufig verwendet werden, sind:

- Die **Inversion**, die veränderte Wortfolge, die den Blick auf das Wesentliche richtet. Üblicherweise wird im deutschen Aussagesatz das Satzbauschema Subjekt – finite Verbform – Objekt(e) / Adverbialen verwendet. Bei der Inversion wird das Satzglied vorgezogen, auf dem die Hauptbedeutung liegt.
- Der **Anakoluth**, der in Gedichten oft nicht auffällt, da Abweichungen von der Alltagssprache häufig vorkommen. Im folgenden Beispiel entsteht durch den Satzbruch ein eigenständiger Fragesatz: Ich weiß nicht, was soll es bedeuten / dass ich so traurig bin **(Heinrich Heine)**, statt grammatikalisch richtig: Ich weiß nicht, was es bedeuten soll, dass ich so traurig bin.
- Die **Ellipse**, die Auslassung eines Satzglieds, das für dessen Vollständigkeit notwendig ist. Ein vollständiger Aussagesatz besteht aus Subjekt und Prädikat; fehlt eines dieser Satzglieder, liegt eine Ellipse vor. Beispiel: Statt Rauchen ist verboten heißt es: Rauchen verboten – das Prädikat fehlt.
- Der **Parallelismus** (gleiche Reihenfolge der Satzglieder in aufeinander folgenden Sätzen), z. B. Heiß ist die Liebe, kalt ist der Schnee.
- Der **Chiasmus** (Überkreuzstellung der Satzglieder in zwei aufeinander folgenden Sätzen), z. B. Die Mühen der Gebirge liegen hinter uns, Vor uns liegen die Mühen der Ebenen. **(Bertolt Brecht)**

Lyrische Gattungen und Formen

QUICK-FINDER

Ballade

DEFINITION Die Ballade ist ein Erzählgedicht, das die Grundgattungen der Dichtung in sich vereint: epische Erzählweise, dramatische Gestaltung, lyrische Stimmung. Das Wort „Ballade“ stammt aus Südfrankreich und bezeichnete ursprünglich ein Lied, das beim Tanzen gesungen wurde. Der Begriff wurde später auch im deutschen Sprachraum heimisch, stand nun aber für ein meist dämonisch-spukhaftes, häufig tragisches Geschehen aus Geschichte, Mythologie oder Sage.

VOLKSBALLADEN UND KUNSTBALLADEN Balladen wurden ursprünglich durch Vorträge oder Gesang mündlich überliefert. Sie haben einige Ähnlichkeiten mit der Moritat der Bänkelsänger, also berufsmäßiger Sänger, die ihre Lieder auf den Jahrmärkten vortrugen. Die ursprünglichen Verfasser dieser Volksballaden sind unbekannt.

Im 18. Jahrhundert begannen Dichter Balladen zu schaffen, die den Volksballaden recht ähnlich waren. Sie entnahmen ihre Stoffe der Geschichte oder gestalteten alte Sagen und Schwänke neu. Der Dichter **Gottfried August Bürger** schuf mit *Lenore* 1773 die erste Kunstballade, bald folgten ihm zahlreiche andere Dichter wie **Johann Wolfgang von Goethe** und **Friedrich Schiller**. Während Goethe sich Mythen und Natursagen als Vorbilder wählte, entnahm Schiller seine Stoffe der Geschichte. Im 19. Jahrhundert galt es als modern, Balladen zu schreiben. Noch heute kennt man viele Balladen von damals, z.B. die Balladen von **Gottfried Keller** und **Conrad Ferdinand Meyer**, *Die Loreley* und *Belsazar* von **Heinrich Heine**, *Die Brücke am Tay* und *Archibald Douglas* von **Theodor Fontane.**

BALLADENTYPEN Zu verschiedenen Themen entstanden im Laufe von Jahrhunderten verschiedene Balladentypen, z. B.

- die naturmagische (numinose) Ballade (besonders im 18. und 19. Jahrhundert, **Goethe**: *Der Erlkönig*),
- die Ideenballade (**Schiller**: *Die Bürgschaft*, *Der Handschuh*, *Die Glocke*),
- die soziale Ballade (**Heinrich Heine**: *Die schlesischen Weber*),
- die Technikballade (**Theodor Fontane**: *Archibald Douglas*),
- die gesellschaftspolitische Ballade (**Bertolt Brecht**: *Von des Cortez Leuten*, **Günter Grass**: *Die Ballade von der schwarzen Wolke*, **Wolf Biermann**: *Ballade vom preußischen Ikarus*).

Elegie

DEFINITION Die Elegie ist ein aus der Antike stammendes Klagelied in Distichen. Im 18. Jahrhundert erlebte die Elegie eine neue Blütezeit, besonders in der Empfindsamkeit wurde die Form zur Darstellung intensiver Gefühle genutzt. Im 20. Jahrhundert sind die Elegien **Rilkes** und **Brechts** von Bedeutung.

BEKANNTE ELEGIEN der Neuzeit stammen von **Friedrich Gottlieb Klopstock**, **Johann Wolfgang von Goethe** (*Römische Elegien*), **Friedrich Schiller**, **Friedrich Hölderlin**, **Rainer Maria Rilke** (*Duineser Elegien*) und **Bertolt Brecht** (*Buckower Elegien*).

Epigramm

DEFINITION Beim Epigramm handelt es sich ursprünglich um eine in Stein gemeißelte Grabinschrift. Im

18. Jahrhundert ist es zu einer zweizeiligen Gedichtform geworden (oft in Distichen verfasst), die man der Gedankenlyrik zurechnet.

LESSINGS UMDEUTUNG 1771 hat **Lessing** in seinen *Zerstreuten Anmerkungen über das Epigramm* dieses als „Sinngedicht" bezeichnet und es nach der Antike neu belebt. Kennzeichen des Epigramms sind nach Lessing die Erwartung (über die Klärung eines Sachverhaltes) und der Aufschluss (über die wahre Natur dieses Sachverhalts). In diesem Sinn dichteten dann auch **Goethe** und **Schiller** ihre *Xenien*, wobei sie kritisch zu politischen Fragen Stellung nahmen.

Hymne

DEFINITION Hymnen sind ohne Endreim und ohne festes Versmaß und damit der Ode verwandt. Die Hymne hat ihre Wurzeln ebenfalls in der Antike und diente als Lobgesang für die Götter. Später wurde sie Bestandteil der christlichen Liturgie, im 18. Jahrhundert war sie Ausdruck pantheistischer Naturverehrung (z. B. **Johann Wolfgang von Goethe**: *Prometheus, Ganymed, Mahomets Gesang*). Bekannte Hymnen stammen auch von **Novalis** (*Hymnen an die Nacht*) und **Hölderlin** *(Der Frieden)*.

Lied

DEFINITION Das Lied ist für den Gesang bestimmt und besteht aus mehreren gleichgebauten Strophen.

VOLKSLIED UND KUNSTLIED Das Volkslied ist Volksgut, die Dichter sind nicht bekannt. Die Beschäftigung mit dem Volkslied begann, als **Johann Gottfried Herder** um 1770 begann, Volkslieder zu sammeln, um damit die Eigenständigkeit der deutschen Kultur (im Gegensatz zu den damals üblichen ausländischen Einflüssen) nachzuweisen. Seine Volksliedsammlung *Stimmen der Völker in Liedern*, an der auch **Goethe** und **Lessing** mitgearbeitet hatten, erschien 1778.

Zu Beginn des 19. Jahrhunderts machten sich dann die Romantiker **Clemens Brentano** und **Achim von Arnim** – angeregt vom Nachdenken über die politische Situation in den deutschen Staaten zur Zeit Napoleons – auf, Volkslieder als Dokumente deutschen Nationalgeistes zu sammeln. Sie veröffentlichten diese zusammen mit eigenen, im volksliedhaften Ton gehaltenen Liedern in ihrer Sammlung **Des Knaben Wunderhorn** (1806). Die Lieder Brentanos und Arnims waren der Beginn des Kunstlieds, das in der Romantik gepflegt und oft vertont wurde.

Ode

DEFINITION Die Ode war eine verbreitete Form in der Antike (**Pindar, Horaz**); sie ist gekennzeichnet durch eine strenge, kunstvoll gebaute Strophenform (Alkäische Ode, Sapphische Ode, Asklepiadeische Ode), die eine feierlich-erhabene Stimmung erzeugt. In der deutschen Dichtung sind vor allem die Oden **Klopstocks** und **Hölderlins** von Bedeutung.

Sonett

DEFINITION Das Sonett ist eine Gedichtform, die in Bauform und inhaltlicher Gestaltung strengen Gesetzmäßigkeiten unterliegt. Zwar werden auch heute noch Sonette geschrieben, seine Blütezeit hatte diese Form aber im Barock (um 1600–1720), weil damit die barocke Antithetik zwischen Vergänglichkeit des Lebens (Memento mori: bedenke, dass du sterben musst) und Weltbejahung (Carpe diem: pflücke den Tag, koste den Tag voll aus) anschaulich ausgedrückt werden konnte.

BAUFORM Das Sonett ist im Alexandriner verfasst und besteht aus 14 Versen, die in zwei vierzeilige Strophen (Quartette) und zwei dreizeilige Strophen (Terzette) untergliedert sind. Gedankliche Gegensätze werden durch die Zäsur in den Versen und den Wechsel von den Quartetten zu den Terzetten besonders deutlich: So können z.B. Frage und Antwort, Problem und Lösung einander gegenübergestellt werden.
Die Reimstruktur unterstützt diese Zweiteilung. Viele Sonette kommen mit vier verschiedenen Reimen aus: abba in den Quartetten, meist ccd und eed in den beiden Terzetten. Doch auch andere Reimfolgen sind möglich.

DICHTER VON SONETTEN Noch heute bekannte barocke Sonette stammen von **Martin Opitz, Christian Hofmann von Hofmannswaldau** und **Andreas Gryphius**.

Lyrik nach 1945

Viele Dichter litten darunter, dass die Nationalsozialisten die deutsche Sprache für ihr verbrecherisches Regime in Dienst genommen, sie missbraucht und deformiert hatten. Der Philosoph **Theodor W. Adorno** formulierte den später oft zitierten Satz: „Nach Auschwitz noch ein Gedicht zu schreiben, ist barbarisch." So ist das Anliegen vieler Lyriker verständlich, die Sprache als Ausdrucksmittel neu zu erfinden und mit ihrer Hilfe den Dingen auf den Grund zu gehen.
Die Lyrik entwickelte sich nach 1945 in mehreren großen Linien, die durch gegensätzliche weltanschauliche Tendenzen geprägt sind:

- Hermetische Dichtung: Vielen Dichtern ging es nach dem Untergang des NS-Regimes darum, ein neues Verständnis für Sprache zu entwickeln. Hermetische Gedichte sind in sich abgeschlossen und meist von der Wirklichkeit losgelöst; ihre Ausdeutung bleibt deshalb spekulativ und stellt für jede Generation eine neue Herausforderung dar. Bahnbrechend wirkte **Gottfried Benns** *Marburger Rede über Lyrik* (1951), in der er das „absolute Gedicht" fordert, das „ohne Glauben", „ohne Hoffnung" und „an niemanden gerichtet" sein solle.
  Beispiele für hermetische Gedichte sind *Todesfuge* (1952) von **Paul Celan**, *Anrufung des Großen Bären* (1957) von **Ingeborg Bachmann**, *Welt, frage nicht …* (1961) von **Nelly Sachs** und *Vermächtnis* (1967) von **Rose Ausländer**.

- Politische Gedichte: Andere Autoren orientierten sich am Vorbild **Brechts** und thematisierten die gesellschaftliche Realität in ihren Gedichten. Themen waren z. B.

der Zweite Weltkrieg und seine Folgen für das Individuum, die Notstandsgesetze, die außerparlamentarische Opposition und der Vietnam-Krieg. Noch heute bekannte politische Gedichte aus den Jahren nach 1945 sind z. B. *Ins Lesebuch für die Oberstufe* (1957) von **Hans Magnus Enzensberger** und *und Vietnam und* (1966) von **Erich Fried.**

- Naturlyrik: Die Natur war politisch unbelastet; Autoren, die Kritik und Selbstkritik scheuten, wandten sich ihr ebenso zu wie viele Leser, die von Politik nichts mehr hören wollten und sich lieber dem Wiederaufbau und der Verdrängung der Vergangenheit hingaben. Wichtige Vertreter der Naturlyrik fanden sich in der sog. „naturmagischen Schule" zusammen, z. B. **Peter Huchel** (*Der Garten des Theophrast*, 1962), **Johannes Bobrowski** (*Schattenland*, 1962), **Wilhelm Lehmann** (*Auf sommerlichem Friedhof*, 1946), **Oskar Loerke** (*Leitspruch*, 1958), **Werner Bergengruen** (*Die heile Welt*, 1950) und **Elisabeth Langgässer** (*Frühling* 1946, 1951).

- Konkrete Poesie: Die Vertreter dieser Form, z. B. **Eugen Gomringer** (*schweigen*, 1960), **H.C. Artmann** (*landschaft 18*, 1969), **Helmut Heißenbüttel** (*das Sagbare sagen*, 1960) und **Ernst Jandl** (*laut und luise*, 1971), wandten sich Sprachexperimenten zu. Dabei nahmen sie das Sprachmaterial ernst und stellten einzelne Worte und Laute in einen neuen Zusammenhang. Sie verstanden Dichtung als Politikum, nahmen sich auch selbst als Dichter in ihrer Verantwortung ernst. Oft sind die Sprachspiele der Konkreten Poesie visuelle Bilder, oft beziehen sie ihren Wert aus ihrer akustischen Qualität.

Lyrik nach 1968

Die Lyrik der 1970er- und 1980er-Jahre greift auf verschiedene Themenbereiche zurück:

- Liebeslyrik: Sie wurde vorwiegend von Frauen verfasst. Auffallend ist das gebrochene Verhältnis bzw. die kritische Sicht auf die Liebe, die mit der neuen Subjektivität einhergeht. Oft in gewollt einfacher Sprache, aber mit den Mitteln der modernen Lyrik (Reimlosigkeit, kein festes Metrum, starke Rhythmik, symmetrischer Aufbau, sinntragende Verben oder Nomen) beschreibt **Ulla Hahn** die Geschlechterproblematik (z. B. im Gedichtband *Herz über Kopf*, 1981). Auch **Karin Kiwus** bediente in den Jahren nach 1968 dieses Genre.

- Die politische Lyrik setzte sich im Werk von **Hilde Domin** und **Rose Ausländer** mit den Folgen des Nazi-Regimes auseinander. Beide Autorinnen nehmen in der Literatur des 20. Jahrhunderts eine Sonderstellung ein.
  Hilde Domin verstand ihr Schreiben stets als Flucht vor den Schrecken des Zeitgeschehens, obwohl gerade diese ihre Gedichte prägten. **Rose Ausländer** thematisierte in ihren Gedichten (z. B. *Mutterland*, 1977, *Daheim*, 1980 und *Heimatlos*, 1985) häufig ihre Heimatlosigkeit. Zur Tagespolitik äußerte sich **Alfred Andersch** in seinem Gedicht *Artikel 3 (3)* (1976), in dem er die Berufsverbote, die im Zeichen der Studentenunruhen in Westdeutschland für Anhänger linker Gruppierungen verhängt wurden, mit den Repressionen des NS-Staates verglich.

- Umweltlyrik: Die Autoren, z. B. **Christoph Meckel** (geb. 1935), versuchen eine Synthese von Naturlyrik und gesellschaftspolitischem Engagement. Themen sind: Zerstörung der Natur, Natur und Technik, Weltuntergang.

- Poetologische Lyrik: Sie hat das Dichten selbst zum Inhalt. Wurde von **Karl Krolow, Günter Kunert, Ingeborg Bachmann** und **Rose Ausländer** vertreten.

Lyrik nach 1990

In den Jahren nach 1990 gibt es verschiedene Facetten der Lyrik:

- Etablierte Autoren wie **Ulla Hahn, Günter Grass** und **Peter Rühmkorf** schreiben ihr Werk fort und erreichen damit öffentliches Interesse und gute Verkaufszahlen.

- Politische Gedichte stammen ebenfalls von Autoren, die man schon kennt **(Jürgen Becker, Sarah Kirsch, Rolf Haufs)**. Ihre Themen sind: Natur als Spiegel menschlicher Beziehungen und gesellschaftliche Zustände. Meist tragen die Gedichte resignative Züge. Autoren wie **Wulf Kirsten** und **Thomas Rosenlöcher** versuchen in ihren Gedichten die Erfahrungen der DDR-Bürger auch nach der Wiedervereinigung zu bewahren.

- Einzelgänger:
  Robert Gernhardt (1937–2006) wird wegen seiner humoristischen Gedichte geschätzt, zunehmend wird aber die ihnen innewohnende Kunstfertigkeit und gedankliche Ernsthaftigkeit wahrgenommen. In seinen letzten Gedichtbänden *Die K-Gedichte* (2004) und *Später Spagat* (2006) setzte sich Gernhardt mit seiner Krebserkrankung auseinander.
  Albert Ostermeier (geb. 1967). Er wurde für seine kunstvolle Lyrik, die der Tradition Brechts folgt, Elemente der Popliteratur aufnimmt und in ihrer Rhythmik dem Rap ähnelt, mit vielen Preisen ausgezeichnet.

4 Erörterung

Was bedeutet „erörtern“?

QUICK-FINDER

Was versteht man unter „erörtern"?

EIGENEN STANDPUNKT BEGRÜNDET VERTRETEN Die Erörterung ist eine Aufsatzform, in der Sie einen eigenen Standpunkt begründet vertreten, möglicherweise sogar den Leser der Arbeit von einer anderen Meinung überzeugen.

BEGRIFFSBESTIMMUNG Um dies zu erreichen, müssen Sie argumentieren, also Gesichtspunkte zum Thema darlegen, die Ihre Meinung schlüssig erscheinen lassen. Doch damit ist es nicht getan: Sie müssen auch Gegenargumente – bereits genannte oder solche, die sich aufdrängen – entkräften. Dies ergibt sich schon aus der früheren Bedeutung des Wortes *erörtern*: „durchsprechen, darlegen". Das seit dem 16. Jh. bezeugte Verb ist eine Lehnübertragung von lat. *determinare* „abgrenzen, festlegen, bestimmen" und wurde zunächst in der Rechtssprache im Sinne von „verhandeln" gebraucht.

„ERÖRTERN" IM SCHULISCHEN SINN bedeutet heute:
- sich mit anderen Meinungen auseinanderzusetzen,
- das Für und Wider zweier Gedanken abzuwägen,
- Argumente auf ihre Stichhaltigkeit zu prüfen,
- eine eigene Meinung begründet zu vertreten,
- ein fundiertes Urteil zu fällen.

Erörtern ist eine Technik, die Sie im Aufsatz anwenden können. Sie können aber auch mündlich erörtern, um sich selbst Gewissheit zu verschaffen, den eigenen Standpunkt zu klären usw. Auch Diskussionen dienen dem Austausch von Meinungen; auch dabei müssen Sie Ihre Ansichten, wollen Sie überzeugen, stichhaltig begründen. Sie sehen also: Die Technik des Argumentierens ist nicht nur für den Erörterungsaufsatz von Bedeutung. Auch bei der Textinterpretation setzen Sie sich mit der Form und dem Inhalt bzw. den zentralen Gedanken eines literarischen oder nichtliterarischen Textes argumentierend auseinander. Dabei wird nach Ihrer Urteilsfähigkeit gefragt und Ihre Stellungnahme eingefordert.

Erörterungsaufsatz

ARGUMENTATIVE AUSEINANDERSETZUNG MIT EINEM PROBLEM Im Erörterungsaufsatz geht es darum, sich mit einem Problem schriftlich argumentativ auseinanderzusetzen. Dabei kann das Problem in verschiedener Weise vorgestellt werden.

AUFGABENSTELLUNG OHNE TEXTGRUNDLAGE

- Der Erörterung liegt eine Frage zugrunde.
  Beispiel: *Muss sich das Gymnasium verändern, um zukunftstauglich zu sein?*
- Der Erörterung liegt eine Aussage zugrunde.
  Beispiel: *Das Gymnasium muss sich verändern, um zukunftstauglich zu sein.*
  Dieser Aussage ist in der Regel ein Arbeitsauftrag hinzugefügt, z. B.: *Erörtern Sie diese Aussage.*

AUFGABENSTELLUNG MIT TEXTGRUNDLAGE

- Das kann ein kurzer Text sein, z. B. ein Aphorismus oder ein Zitat.
  Beispiel: *Schulentwicklung braucht große Gedanken, kleine Schritte und einen langen Atem!* **(Hartmut v. Hentig)**
- Die Aufgabenstellung kann im Anschluss an einen längeren Text erfolgen, z. B. eine Fabel, eine Anekdote oder eine Kurzgeschichte. Bei den Texten kann es sich

um literarische oder um nichtliterarische Texte (Sachtexte) handeln, z. B. Zeitungsartikel, Reden und Essays. Die genannten Themenbeispiele müssten durch einen konkreten Arbeitsauftrag ergänzt werden. Dieser könnte lauten: Erörtern Sie diese These.

Diskutieren Sie die Kernthese dieses Textes.

Setzen Sie sich mit der Aussage dieses Textes kritisch auseinander.

Das zu behandelnde Problem ist auf der Oberstufe anspruchsvoller als in den vergangenen Schuljahren. Ging es bisher noch oft um Themen, die sich am konkreten Alltag orientierten, werden nun auch philosophische, politische, ästhetische, literaturgeschichtliche Fragestellungen vorgelegt.

Was wird beim Erörtern verlangt?

PROBLEMERKENNUNG Dem geht eine genaue Analyse der Fragestellung voraus, bei der Sie anhand von Schlüsselbegriffen herausfinden sollen, was genau von Ihrem Erörterungsaufsatz erwartet wird. Bei der textgebundenen Erörterung müssen Sie sich zuerst mit dem Standpunkt des Verfassers vertraut machen, dann den Erörterungsauftrag erschließen.

DURCHDENKEN DES PROBLEMS Überlegen Sie, welche Aspekte das Thema beinhaltet. Oft steckt mehr dahinter, als man auf den ersten Blick vermutet.

AUFZEIGEN DER VERSCHIEDENEN GESICHTSPUNKTE Welche verschiedenen Aspekte zu Ihrem Thema gibt es? Welche sprechen für eine These, welche dagegen (bei der dialektischen Erörterung)? Welche Aspekte können die These stützen (bei der steigernden Erörterung)?

BEGRÜNDETES ABSCHLIESSENDES URTEIL Zu welchem Ergebnis kommen Sie selbst (bei allen Formen der Erörterung)? Stimmen Sie dem Urteil des Verfassers zu (bei der textgebundenen Erörterung)? Wie lassen sich Ihre Überlegungen zusammenfassen und auf einen Nenner bringen (bei der literarischen Erörterung)?

Besonderheiten der Erörterung

EINBRINGEN VON HINTERGRUNDWISSEN Die Schwierigkeit einer Erörterung besteht darin, dass Hintergrundwissen eingebracht werden muss, das sich nicht aus der Frage selbst bzw. dem vorgelegten Text ergibt. Dieses Hintergrundwissen sollte selbstständig (z. B. mit Hilfe von eigener Lektüre) erworben werden bzw. aus dem Unterricht (auch anderer Fächer), den Medien, eigenen Überlegungen usw. stammen. In jedem Fall müssen Fakten sachlich richtig und präzis formuliert dargelegt werden.

ÄUSSERE FORM DURCH KLARE GLIEDERUNG Der Aufsatz muss in einer klaren äußeren Form, einem sinnvollen Aufbau, mit nachvollziehbaren Argumenten und in sachlicher Sprache abgefasst sein. Jeder Erörterungsaufsatz basiert auf einer Gliederung. Diese sollte nach Abschluss der Vorüberlegungen formuliert, danach erst der Aufsatz geschrieben werden. Die Abgabe dieser Gliederung ist meist zwingend, sie muss deshalb zum Aufsatz passen. Wenn beim Schreiben davon abgewichen wird, muss die Gliederung nach Abschluss des Schreibprozesses dem

Aufsatz angepasst werden. Die Gliederung ist nach einem ganz bestimmten Schema aufgebaut. Dieses muss eingeübt, beherrscht und sicher angewandt werden.

Übersicht über die verschiedenen Formen der Erörterung

Das folgende Schaubild zeigt die Formen der Erörterung, die Sie unterscheiden können, und nennt deren wichtigste Kennzeichen:

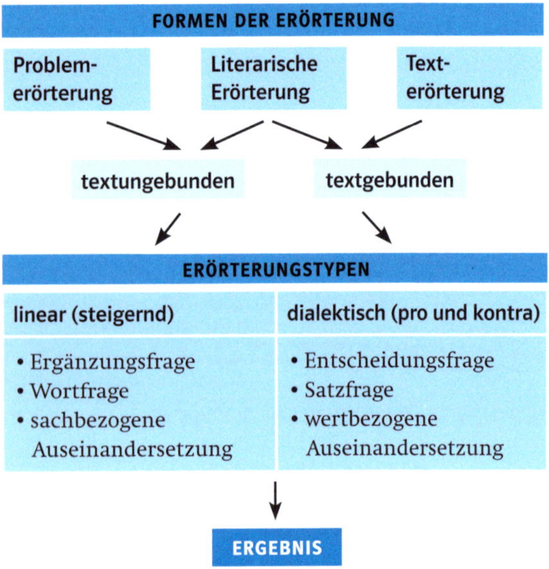

- Zusammenfassung und Analyse des Textes (bei der Texterörterung)
- Klärung des Problems
- ausgewogenes eigenes Urteil

Erfassen des Themas

QUICK-FINDER

Aufgabenstellung verstehen

FRAGESTELLUNG Eine erste Hürde erwartet Sie in der Fragestellung, denn die Arbeitsaufträge sind oft von einem ganz unterschiedlichen Schwierigkeitsgrad. Trotzdem müssen Sie genau erfassen, worum es geht und worauf ihre Argumentation gerichtet sein muss. Aufgabenstellungen zum Themenbereich „Schule und Unterricht" können z. B. folgendermaßen formuliert sein:

Thema 1:
Ist das Gymnasium in seiner derzeitigen Form tauglich für das 21. Jahrhundert?

Thema 2:
Die Lehrpläne des Gymnasiums müssen verändert werden, um die Schülerinnen und Schüler für Studium und Arbeitswelt fit zu machen.

Thema 3:
„Die höhere Schule hat die menschlichen und geistigen Qualitäten zu entwickeln ohne Rücksicht auf die unmittelbare Brauchbarkeit des Vermittelten." **(Albert Einstein)**
Erscheint Ihnen diese Definition der Ziele und Aufgaben des Gymnasiums angemessen angesichts der Anforderungen und Gegebenheiten der heutigen Zeit?

Auf den ersten Blick scheint es bei allen Aufgaben um das gleiche Problem zu gehen. Bei näherem Hinsehen zeigen sich aber die Unterschiede, die Sie bei der Analyse der Aufgabenstellung erkennen müssen, damit Ihre Erörterung nicht am Thema vorbeigeht.

ERÖRTERUNGSTHEMA IN FRAGEFORM

Ist das Gymnasium in seiner derzeitigen Form tauglich für das 21. Jahrhundert?

Dieses Erörterungsthema ist in Frageform formuliert; dies macht es Ihnen leicht, die Zielrichtung Ihrer Argumentation zu erkennen. Außerdem ist die Frage offen gestellt, was bedeutet, dass Sie nicht darauf festgelegt sind, mit „ja" oder „nein" zu antworten. Sie müssen also für beide Antwortmöglichkeiten Argumente finden und am Ende abwägen, welche schwerer wiegen. Somit entspricht diese Aufgabenstellung dem Typus der „Pro- und-Kontra-Erörterung". Andererseits ist das Thema recht weit gefasst, was bedeutet, dass Sie sich selbst über die Einzelaspekte, die es beinhaltet, Gedanken machen müssen.

SCHLÜSSELBEGRIFFE Diese Einzelaspekte können Sie herausfinden, wenn Sie die Schlüsselwörter, die der Aufgabenstellung zugrunde liegen, herausfiltern und auf ihren Inhalt abklopfen. Die Schlüsselbegriffe in dieser Aufgabe lauten: Gymnasium, im 21. Jahrhundert, tauglich sein. Schlüsselbegriffe können wie folgt untersucht werden:

- Was umfasst der Begriff „Gymnasium"? Gemeint ist sicher nicht das Gebäude, sondern der Schultyp. Weiter könnten die am Gymnasium vermittelten Bildungsinhalte gemeint sein. Möglicherweise werden auch Arbeitsformen wie Stillarbeit, Exzerpieren und Recherchieren, Urteile fällen, Begründungen finden und Schwerpunkte setzen gemeint sein. Auch die verschiedenen Sozialformen wie Partnerarbeit und Teamarbeit gehören dazu.

- Was ist gemeint mit der Zeitangabe „im 21. Jahrhundert“? Es geht nicht nur um eine Zeitangabe, sondern um das, was damit gedanklich verbunden wird. Eine weitere Hilfsfrage kann deshalb sein: Was hat sich im 21. Jahrhundert verändert? Mögliche Antworten: Die Arbeitswelt ist von mehr Leistungsdruck geprägt, die Menschen müssen effektiver arbeiten, schneller zu fundierten Ergebnissen kommen, dazu teamfähig und kritikfähig sein, aber auch an selbstständiges Arbeiten gewöhnt sein, Freiräume für ihre Tätigkeit sinnvoll nützen, ihr Handeln reflektieren und ihre Entscheidungen vertreten, selbstsicher vor anderen auftreten und Ergebnisse präsentieren. Hinzu kommt als weiterer Aspekt die Globalisierung. Sie erfordert die Kenntnis anderer Kulturen, das Verstehen, Respektieren und sich Einfügen in andere Mentalitäten, das Beherrschen von Fremdsprachen, sowie die Fähigkeit mit anderen in schnellen Kontakt zu treten, etwa über das Internet.
- Was bedeutet die Wendung „tauglich sein“? Gemeint ist: Leistet das Gymnasium dies? Bereitet es die Schülerinnen und Schüler angemessen auf die oben genannten Herausforderungen des Studiums und der Berufswelt vor? Werden diese Anforderungen nicht nur theoretisch behandelt, sondern auch erprobt? Bekommen die Lernenden das nötige Rüstzeug und die erforderliche Sicherheit für die Zeit nach der Schule?

Die Klärung der Schlüsselbegriffe hilft Ihnen, Ihren Erörterungsaufsatz genau der Fragestellung gemäß zu entwickeln und bewahrt Sie womöglich vor einer Themaverfehlung. Möglicherweise hilft Ihnen diese Vorarbeit auch, Unterpunkte für Ihre Gliederung zu finden.

ERÖRTERUNGSTHEMA IN FORM EINER AUSSAGE
Die Lehrpläne des Gymnasiums müssen verändert werden, um die Schülerinnen und Schüler für Studium und Arbeitswelt fit zu machen.

Dieses Thema ist als Aussage formuliert. Es wird kein Zweifel daran gelassen, dass sich das Gymnasium verändern muss. Bei der Bearbeitung müssen Sie also die Form der steigernden Erörterung wählen. Schlüsselwörter sind „Lehrpläne des Gymnasiums“, „Studium und Arbeitswelt“, „fit machen“.

HILFSFRAGEN Um das Thema und seine inhaltliche Dimension zu erfassen, müssen Sie aber klären, was sich hinter diesen Schlüsselbegriffen verbirgt. Zu diesem Zweck sollten Sie Hilfsfragen stellen, die Ihnen veranschaulichen, worum es geht. Die Hilfsfragen, mit denen Sie das Thema erschließen können, könnten lauten:

- Welche Fähigkeiten, Kenntnisse und Qualifikationen brauchen die Schülerinnen und Schüler, um ein Studium zu meistern bzw. um im Berufsleben zu bestehen?
  Mögliche Stichpunkte zur Beantwortung der Frage: Gute Grundlagenkenntnisse in allen wissenschaftlichen Disziplinen, Fähigkeit zu lebenslangem Lernen, Problembewusstsein, Selbstkritik, Teamfähigkeit, Durchhaltevermögen, Fähigkeit zur Selbstmotivation, Zeitmanagement.

- Wie sind die Lehrpläne derzeit beschaffen? Welche fachlichen Inhalte und welche Methoden, welche Fertigkeiten und Werthaltungen erlernen die Schülerinnen und Schüler am Gymnasium?
  Ihre Antwort lautet möglicherweise: Der Schwerpunkt der schulischen Ausbildung liegt auf fachlichen Inhalten, die

Schülerinnen und Schüler werden mit der speziellen Methodik der Unterrichtsfächer vertraut gemacht. Die anderen oben genannten Fähigkeiten wie lebenslanges Lernen, Problembewusstsein usw. werden nicht nachhaltig gefördert, Schülerinnen und Schüler kommen damit, wenn überhaupt, eher zufällig in Berührung.

- Worüber erfahren die Schülerinnen und Schüler am Gymnasium zu wenig, welche Qualifikationen fehlen ihnen, welche Fähigkeiten werden zu wenig trainiert? Die Antwort auf diese Frage ergibt sich aus den Hilfsfragen oben. Möglicherweise stellen Sie aber auch fachliche Defizite fest: z. B. ein fehlendes Lernangebot im Bereich der modernen Fremdsprachen (Russisch, Chinesisch), fehlende Anwendungsmöglichkeiten von theoretisch Gelerntem (naturwissenschaftliche Übungen), unzureichende Nutzung außerschulischer Bildungsangebote (fehlendes Betriebspraktikum) usw.

Die Hilfsfragen ermöglichen Ihnen einen umfassenden Einblick in das, was das Thema beinhaltet, und sie geben Ihnen schon Aspekte für eine erste Arbeitsgliederung vor, die dann noch aufgrund der gefundenen Inhalte ausdifferenziert werden muss.

EIN ZITAT ALS ERÖRTERUNGSTHEMA

„Die höhere Schule hat die menschlichen und geistigen Qualitäten zu entwickeln ohne Rücksicht auf die unmittelbare Brauchbarkeit des Vermittelten." **(Albert Einstein)**
Erscheint Ihnen diese Definition der Ziele und Aufgaben des Gymnasiums angemessen angesichts der Anforderungen und Gegebenheiten der heutigen Zeit?

Diesem Thema liegt ein Zitat von Albert Einstein zugrunde. Dieses müssen Sie zuerst mithilfe der oben gezeigten Methoden (Schlüsselbegriffe finden, Hilfsfragen stellen) analysieren. Anschließend sollen Sie die Frage erörternd behandeln. Die dialektische Erörterung ist hierfür die passende Aufsatzform.

SCHWIERIGKEITSGRAD DER THEMEN Die oben angeführten Themen sind von unterschiedlichem Schwierigkeitsgrad. Auch dies sollten Sie bedenken, da Ihr Aufsatz den Schwierigkeitsgrad der Themenstellung widerspiegeln soll. Bei Thema 1 müssen Sie selbst eine Struktur finden und Ideen für die Argumentation entwickeln. Thema 2 gibt Ihnen die Struktur des Erörterungsaufsatzes vor; es wird dabei jedoch erwartet, dass Sie die festgestellte Problematik gedanklich durchdringen und inhaltlich detailliert und umfassend diskutieren. Bei Thema 3 bekommen Sie eine inhaltliche Vorgabe, die Sie unter genauer Orientierung an der Fragestellung differenziert erörtern sollen.

Unklare Begriffe klären

THEMA DURCHDRINGEN Nicht immer wird beim ersten Lesen der Aufgabenstellung sofort klar, um was es eigentlich geht. Das liegt manchmal daran, dass Begriffe vorkommen, die man nicht gleich versteht. Um bei der Bearbeitung einer solchen Aufgabe nicht in die Irre zu laufen, ist es wichtig, sich über solche Begriffe – meist sind es Schlüsselbegriffe – umfassend Klarheit zu verschaffen. Wie man dabei vorgehen kann, wird an einem Beispiel verdeutlicht; die Aufgabenstellung lautet:

Erläutern Sie, warum es trotz der weiten Verbreitung des Internets unabdingbar ist, die Lesefähigkeit der Bevölkerung zu fördern.

Schwierigkeiten können bei dieser Aufgabenstellung durch die Begriffe „unabdingbar“ und „Lesefähigkeit“ entstehen, die nicht jedermann geläufig sind.

WÖRTERBUCHMETHODE Wie können Sie vorgehen, um die Probleme zu lösen? Sicher haben Sie anhand der Endungen -bar und -keit erkannt, dass es sich bei „unabdingbar“ um ein Adjektiv, bei „Lesefähigkeit“ um ein Substantiv handelt. Oft sind solche Begriffe durch einen Blick in ein Wörterbuch leicht zu klären. In ***PONS Das große Schulwörterbuch Deutsch*** finden Sie für „unabdingbar“ folgenden Eintrag:

unabdingbar, Adj. *notwendig* Latein ist für dieses Studium eine unabdingbare Voraussetzung.

Das Wörterbuch bietet Ihnen hier ein Synonym (notwendig) an, zugleich bekommen Sie ein Beispiel für die Verwendung des Wortes im Satz (Latein ist für dieses Studium eine unabdingbare Voraussetzung).

Sie können nun mit Hilfe der Ersatzprobe überprüfen, ob Ihnen diese Erläuterung im Verständnis der Aufgabenstellung weiterhilft:

Erläutern Sie, warum es trotz der weiten Verbreitung des Internets notwendig ist, die Lesefähigkeit der Bevölkerung zu fördern.

Nun dürfte die Aufgabenstellung schon etwas klarer geworden sein. Die Ersatzprobe können Sie auch dann anwenden, wenn Sie eine ungefähre Ahnung von der Bedeutung eines Wortes haben, sich aber nicht ganz sicher sind.

BEGRIFFSERSCHLIESSUNG Wenn Sie sich nun mit der Wörterbuchmethode Klarheit über den Begriff „Lesefähigkeit“ verschaffen wollen, merken Sie bald, dass Sie das Wörterbuch im Stich lässt. „Lesefähigkeit“ ist ein zusammengesetztes Substantiv, das so nicht im Wörterbuch zu finden ist. Zerlegen Sie das Wort in seine Bestandteile „Lese-“ und „Fähigkeit“. Sie werden zweifellos fündig – doch die Bedeutung dieser beiden Wortbestandteile kennen Sie selbst. Ihr Problem liegt also auf einer anderen Ebene.

Wenn Sie selbst versuchen, den Begriff „Lesefähigkeit“ zu erklären, liest sich das womöglich so: Jemand kann lesen, lesen können. Und hier beginnt nun die Schwierigkeit: Was heißt „lesen können“? Sind die Analphabeten gemeint, die nicht lesen können? Wohl kaum, denn dann müsste man – die Aufgabenstellung betrachtend – vermuten, dass die gesamte Bevölkerung nicht lesen kann, was erwiesenermaßen anders ist. Sie werden es schon erkannt haben: Es geht in der Aufgabenstellung um den Grad des Lesenkönnens, um die Schnelligkeit, Inhalte zu erfassen, um die Fähigkeit, selektiv zu lesen, also gezielt das zu lesen, was einen betrifft, interessiert, für jemanden wichtig ist usw.

Das Wörterbuch hilft Ihnen hier nicht weiter, Sie müssen selbst über die inhaltliche Füllung des Begriffs nachdenken – und damit sind Sie wieder im Bereich der Erörterung.

Stoffsammlung, Stoffordnung und Argumentation

QUICK-FINDER

Stoffsammlung

ARGUMENTE SAMMELN Wenn Sie sich für ein Thema entschieden haben, das Sie bearbeiten möchten, haben Sie bestimmt schon die Zielrichtung der Argumentation im Kopf: Sie wissen, ob Sie der These zustimmen oder sie ablehnen. In einem nächsten Arbeitsschritt müssen Sie nun Argumente sammeln, die Ihre These stützen. Beim Nachdenken über das Thema werden Sie womöglich auch Argumente finden, die Ihrer Meinung entgegenstehen. Unter Umständen werden diese Ihnen so gewichtig erscheinen, dass Sie Ihre spontane erste Meinung revidieren und zu einem ganz anderen Ergebnis kommen. So einen Gesinnungswandel sollten Sie zulassen, wenn er argumentativ begründet ist.
Die Frage ist nun: In welcher Form können Sie Gedanken zu einem Thema sammeln? Es gibt mehrere Methoden: z. B. Brainstorming, Stichwortliste und Clustertechnik. Alle drei haben Vor- und Nachteile. Letztlich müssen Sie selbst entscheiden, mit welcher Methode Sie besser arbeiten können.

BRAINSTORMING Das Brainstorming, auf deutsch „Der Sturm der Gedanken“, ist ein völlig unsystematisches Nachdenken über ein Problem. Dabei schreiben Sie Ihre Einfälle einfach auf. Ein Beispiel kann dies verdeutlichen:
Das Nachdenken in der Form des Brainstorming zur Frage *Welche Fähigkeiten, Kenntnisse und Qualifikationen brauchen die Schülerinnen und Schüler, um ein Studium sinnvoll zu meistern?* kann folgendes Ergebnis liefern:
Grundlagenkenntnisse in allen wissenschaftlichen Disziplinen, gute Englischkenntnisse, Fähigkeit zu lebenslangem Lernen,

die Fähigkeit, sich selbst zu motivieren, Selbstbewusstsein, Selbstvertrauen, gute Sprachkenntnisse, Problembewusstsein, Selbstkritik, Teamfähigkeit, Fähigkeit, sich fehlerfrei in deutscher Schrift und Sprache auszudrücken, die Beherrschung einer zweiten lebenden Fremdsprache, Selbstorganisation, Fähigkeit zu sicherem Urteil, Durchhaltevermögen, Fähigkeit zur Selbstmotivation, Zeitmanagement, Fähigkeit zur Zusammenarbeit mit anderen, politische Entscheidungsprozesse verstehen, das Funktionieren der Wirtschaft und der Finanzmärkte durchschauen können, selbstständig arbeiten können, gute Grundlagenkenntnisse im eigenen Fachgebiet, Gesprächsführung, Computerkenntnisse, Kenntnisse in Textverarbeitung, 10-Finger-Schreibsystem?, Kurzschrift?, Bereitschaft, sich fortzubilden.

Durch die Brainstorming-Methode haben Sie eine Vielzahl von Begriffen gefunden, die Ihnen helfen, die Frage zu beantworten. Dieses Verfahren ist jedoch recht unstrukturiert – eben ein erster Zugang zu einer Fragestellung. Wenn Sie auf dieser Ebene Ihrer Arbeit schon strukturierter vorgehen wollen, können Sie auf eine der im Folgenden beschriebenen Methoden zurückgreifen.

STICHWORTLISTE Eine Stichwortliste zur oben genannten Fragestellung kann so aussehen:

- Grundlagenkenntnisse in allen wissenschaftlichen Disziplinen
- gute Englischkenntnisse
- Fähigkeit zu lebenslangem Lernen
- die Fähigkeit, sich selbst zu motivieren
- Selbstbewusstsein

- Selbstvertrauen
- gute Sprachkenntnisse
- Problembewusstsein
- Selbstkritik
- Teamfähigkeit
- Fähigkeit, sich fehlerfrei in deutscher Schrift und Sprache auszudrücken
- die Beherrschung einer zweiten lebenden Fremdsprache
- Selbstorganisation
- Fähigkeit zu sicherem Urteil
- Durchhaltevermögen
- Fähigkeit zur Selbstmotivation
- Zeitmanagement
- Fähigkeit zur Zusammenarbeit mit anderen
- politische Entscheidungsprozesse verstehen
- das Funktionieren der Wirtschaft und der Finanzmärkte durchschauen können
- selbstständig arbeiten können
- gute Grundlagenkenntnisse im eigenen Fachgebiet
- Gesprächsführung
- Computerkenntnisse
- Kenntnisse in Textverarbeitung
- 10-Finger-Schreibsystem?
- Kurzschrift?
- Bereitschaft, sich fortzubilden

Wie Sie erkannt haben, sind die Begriffe dieselben wie beim Brainstorming, nur die Art der Darstellung unterscheidet sich. Die Stichwortliste hat jedoch den Vorteil, dass sie übersichtlicher ist und Sie leichter Beispiele oder andere Ergänzungen anbringen können.

CLUSTERTECHNIK berücksichtigt die Möglichkeit, durch grafische Darstellung zur Veranschaulichung beizutragen. Folgendes Beispiel macht dies deutlich:

Außerdem ermöglicht Ihnen die gestalterische Offenheit des Clusters, problemlos neue Aspekte einzufügen oder Unteraspekte zum Thema zu notieren. Damit sind Sie der Stoffordnung schon ein Stück nähergekommen.

Stoffordnung

ORDNEN DER ARGUMENTE Die Stoffsammlung ist die Voraussetzung für jeden Erörterungsaufsatz. Doch dürfen Sie die gefundenen Argumente nicht in der Reihen-

folge stehen lassen, in der sie Ihnen eingefallen sind. Um zielgerichtet argumentieren zu können, müssen Sie die Argumente ordnen: Zusammengehöriges muss zusammengefügt werden.
Auch bei diesem Arbeitsschritt können Sie auf bewährte Methoden zurückgreifen; Sie können Ihre Gedanken in Form der geordneten Stichwortliste zusammenschreiben oder eine Mindmap anfertigen.

GEORDNETE STICHWORTLISTE Versehen Sie die geordnete Stichwortliste mit Zwischenüberschriften, die Sie wenigstens zum Teil der Aufgabenstellung entnehmen können. Diese helfen Ihnen, die verschiedenen Aspekte richtig zuzuordnen:

Fähigkeiten (Charaktereigenschaften, Persönlichkeitsmerkmale):
- Fähigkeit zu lebenslangem Lernen = Bereitschaft, sich fortzubilden
- die Fähigkeit, sich selbst zu motivieren = Durchhaltevermögen
- Selbstbewusstsein, Selbstvertrauen
- Problembewusstsein = Fähigkeit zu sicherem Urteil
- Selbstkritik
- Teamfähigkeit = Fähigkeit zur Zusammenarbeit mit anderen
- Selbstorganisation = selbstständig arbeiten können

Kenntnisse (Wissen):
- gute Grundlagenkenntnisse im eigenen Fachgebiet
- Grundlagenkenntnisse in allen wissenschaftlichen Disziplinen
- gute Sprachkenntnisse, z. B. gute Englischkenntnisse, die Beherrschung einer zweiten lebenden Fremdsprache
- Fähigkeit, sich fehlerfrei in deutscher Schrift und Sprache auszudrücken

Qualifikationen:
- Zeitmanagement
- Computerkenntnisse, auch: Kenntnisse in Textverarbeitung (10-Finger-Schreibsystem)
- Kurzschrift
- Gesprächsführung

MINDMAPPING Die Mindmap ist eine strukturierte Stoffsammlung, die aus Haupt- und Nebenaspekten verschiedener Unterordnung besteht. Es ist üblich, die Hauptaspekte (= Hauptäste) so anzulegen, dass sie von oben im Uhrzeigersinn gelesen werden können.
Beispiel für eine Mindmap:

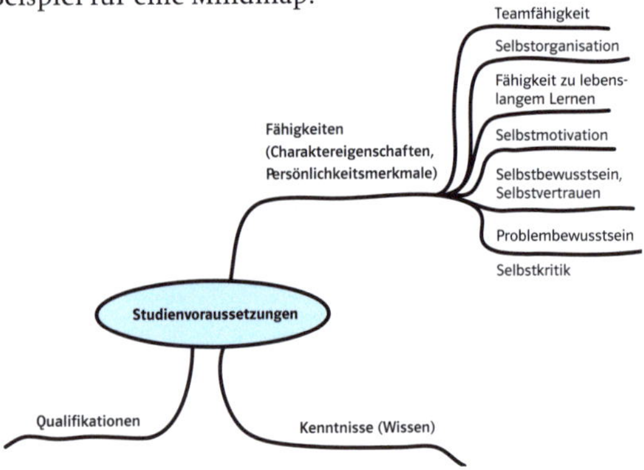

BEWERTUNG DER METHODEN In die Mindmap können Sie leichter neue Gedanken an der passenden Stelle einfügen als in die geordnete Stichwortliste. Auch das Erstellen einer Gliederung fällt Ihnen damit womöglich leichter. Prinzipiell können Sie aber mit beiden Methoden zum Ziel kommen.

Eine Gliederung erstellen

Kennzeichen der Gliederung

Die Gliederung dient dem Verfasser als Schreibplan für den Erörterungsaufsatz, zugleich gibt sie dem Leser eine Orientierungshilfe und zeigt ihm, wie die Arbeit aufgebaut ist. Die lineare Erörterung verlangt eine steigernde Gliederung, die dialektische Erörterung verlangt eine Gliederung, die nach dem Pro und Kontra-Schema aufgebaut ist. Die einzelnen Gliederungspunkte sind in der Regel im Nominalstil abgefasst.

GLIEDERUNGSSCHEMATA FÜR DIE LINEARE (STEIGERNDE) ERÖRTERUNG

Alphanumerisches Gliederungsschema:	Numerisches Gliederungsschema:
A Einleitung	1 Einleitung
B Hauptteil	2 Hauptteil
I. Erstes Hauptargument	2.1 Erstes Hauptargument
1. Unterpunkt	2.1.1 Unterpunkt 1
a. Einzelaspekt 1	2.1.1.1 Einzelaspekt 1
b. Einzelaspekt 2	2.1.1.2 Einzelaspekt 2
c. Einzelaspekt 3	2.1.1.3 Einzelaspekt 3
2. Unterpunkt	2.1.2 Unterpunkt 2
a. Einzelaspekt 1	2.1.2.1 Einzelaspekt 1
b. Einzelaspekt 2	2.1.2.2 Einzelaspekt 2
c. Einzelaspekt 3	2.1.2.3 Einzelaspekt 3
II. Zweites Hauptargument	2.2 Zweites Hauptargument
1. Unterpunkt	2.2.1 Unterpunkt 1
a. Einzelaspekt 1	2.2.1.1 Einzelaspekt 1
b. Einzelaspekt 2	2.2.1.2 Einzelaspekt 2
c. Einzelaspekt 3	2.2.1.3 Einzelaspekt 3
2. Unterpunkt	2.2.2 Unterpunkt 2
a. Einzelaspekt 1	2.2.2.1 Einzelaspekt 1
b. Einzelaspekt 2	2.2.2.2 Einzelaspekt 2
c. Einzelaspekt 3	2.2.2.3 Einzelaspekt 3
C Schluss	3 Schluss

Unterschiedliche Gliederungsschemata

Man kann das numerische oder das alphanumerische Gliederungsschema verwenden, muss aber bei der einmal gewählten Variante bleiben.

Die Gliederungsschemata der linearen und der dialektischen Erörterung unterscheiden sich in ihrem Aufbau. Diese idealtypischen Gliederungsschemata sind nur als Muster zu verstehen. In der konkreten Schreibsituation müssen sie inhaltlich gefüllt werden.

GLIEDERUNGSSCHEMATA FÜR DIE DIALEKTISCHE (PRO UND KONTRA-) ERÖRTERUNG

Alphanumerisches Gliederungsschema:	Numerisches Gliederungsschema:
A Einleitung	1 Einleitung
B Hauptteil	2 Hauptteil
I. These	2.1 These
1. Argument 1	2.1.1 Argument 1
a. Einzelaspekt 1	2.1.1.1 Einzelaspekt 1
b. Einzelaspekt 2	2.1.1.2 Einzelaspekt 2
c. Einzelaspekt 3	2.1.1.3 Einzelaspekt 3
2. Argument 2	2.1.2 Argument 2
a. Einzelaspekt 1	2.1.2.1 Einzelaspekt 1
b. Einzelaspekt 2	2.1.2.2 Einzelaspekt 2
c. Einzelaspekt 3	2.1.2.3 Einzelaspekt 3
II. Antithese	2.2 Antithese
1. Argument 1	2.2.1 Argument 1
a. Einzelaspekt 1	2.2.1.1 Einzelaspekt 1
b. Einzelaspekt 2	2.2.1.2 Einzelaspekt 2
c. Einzelaspekt 3	2.2.1.3 Einzelaspekt 3
2. Argument 2	2.2.2 Argument 2
a. Einzelaspekt 1	2.2.2.1 Einzelaspekt 1
b. Einzelaspekt 2	2.2.2.2 Einzelaspekt 2
c. Einzelaspekt 3	2.2.2.3 Einzelaspekt 3
III. Synthese	2.3 Synthese
1. Aspekt 1	2.3.1 Aspekt 1
2. Aspekt 2	2.3.2 Aspekt 2
3. Aspekt 3	2.3.3 Aspekt 3
C Schluss	3 Schluss

Argumentationsschema

DEFINITION Das Ziel eines Erörterungsaufsatzes besteht immer darin, sich selbst Klarheit über eine Problematik zu verschaffen und das Ergebnis des schriftlichen Nachdenkens so darzulegen, dass Sie andere davon überzeugen können.
Deshalb wäre es falsch, nur Behauptungen aufzustellen – diese sind immer angreifbar. Im Erörterungsaufsatz müssen Sie schlüssig argumentieren.

VIERTEILUNG DES ARGUMENTATIONSSCHEMAS Es ist deshalb sinnvoll, dass Sie sich an das übliche Argumentationsschema halten, das besagt, dass die Argumentation aus folgenden vier Teilen besteht:

Behauptung (These)

Begründung, Beweis

Beispiel

Rückführung zur Behauptung (Schlussfolgerung)

Anhand des folgenden Beispiels können Sie die Unterschiede, die zwischen Behauptung, Begründung, Beispiel und Rückführung bestehen, erkennen. Das Argument, das als Beispiel dienen soll, lautet:

Fähigkeit zu lebenslangem Lernen

Das Argument kann wie folgt ausgeführt werden:

Behauptung (These)
Die Schülerinnen und Schüler müssen zu lebenslangem Lernen befähigt werden.
Die Behauptung sollte in Thesenform, also als Aussage formuliert sein. Das ermöglicht Ihnen eine konsequente Begründung.

Begründung
Die Arbeitswelt wird immer komplexer und die Halbwertszeit des Wissens geht immer rascher zurück. Das heute erworbene Wissen ist in vielen Berufszweigen schon in wenigen Jahren völlig veraltet.
Die Begründung muss stichhaltig sein. Das erreichen Sie, indem Sie Fachwissen einbringen.

Beispiel
Am ausgeprägtesten ist dies wohl in der Computerbranche, aber auch in den modernen Naturwissenschaften sind die Erkenntnisse von heute morgen schon wieder überholt. Wer hätte gedacht, dass die Entschlüsselung der menschlichen DNS so rasch und umfassend möglich ist, dass heute schon über einen Ersatz einzelner DNS-Moleküle nachgedacht wird, z. B. um Erbkrankheiten zu verhindern?
Das Beispiel muss allgemein nachvollziehbar sein und inhaltlich an die Begründung angelehnt sein.

Rückführung zur Behauptung
Um sich beruflich nicht ins Abseits zu manövrieren und um bei möglicherweise eintretender Arbeitslosigkeit eine reelle Chance auf einen adäquaten Arbeitsplatz zu haben, ist es notwendig, sowohl ein Bewusstsein dafür zu schaffen, dass das Lernen

nie aufhören darf, als auch dafür zu sorgen, dass die heutigen Schülerinnen und Schüler in der Lage sind, sich permanent selbstständig fortzubilden.

Damit das Argument verständlich ist, muss der Bezug zur These am Ende hergestellt werden.

Argumentationsschritte

BEHAUPTUNG (THESE) Sie stellen eine Behauptung auf, weil Sie von der Richtigkeit des benannten Sachverhalts überzeugt sind. Die These ist ein Hauptbestandteil Ihres Erörterungsaufsatzes und muss deshalb für die leitende Fragestellung ein besonderes Gewicht haben. Aus der Summe der Thesen ergibt sich schließlich Ihre Ansicht zum Thema, die in der Synthese oder im Schluss zusammengefasst wird. Keine These darf aber für sich allein stehen. Jede These muss für den Leser nachvollziehbar gemacht werden; dazu dienen die Begründung, der Beweis und das Beispiel.

BEGRÜNDUNG (BEWEIS) Begründungen müssen überzeugen und stichhaltig sein. Es reicht nicht, nur auf allgemeines Wissen zu rekurrieren, es ist notwendig, Expertenwissen heranzuziehen, z. B. Aussagen von Fachleuten oder Daten, die man Statistiken entnehmen kann. Sie können sich auf normative Beweise stützen, sich auf Gesetze und die geltende Rechtslage bzw. anerkannte gesellschaftliche Werte beziehen. Auch Evidenz- und Analogiebeweise helfen, die Aussage der These zu festigen.

Folgende **Typen von Begründungen** (Beweise) sind geeignet, Thesen zu stützen:

ART DES BEWEISES	KENNZEICHEN	TEXTBEISPIEL
Praxisbeweis	Bezug auf allgemein überprüfbare Beobachtungen oder Tatsachen	Für Schüler, die den Umgang mit dem Computer im Unterricht eingeübt haben, ist es im Studium und im Berufsleben eine Selbstverständlichkeit, damit zu arbeiten.
Autoritätsbeweis	Berufung auf Aussagen von Fachleuten, Statistiken, wissenschaftliche Werke usw.	Nach Aussagen von vielen Professoren ist es für viele Studenten inzwischen eine Selbstverständlichkeit, Informationen aus dem Internet abzurufen.
Normativer Beweis	Berufung auf Gesetze oder anerkannte Werte	Die private Nutzung des Internets, z. B. Chat und E-Mail, ist in vielen Firmen verboten. Hier Zurückhaltung zu üben, muss auch schon in der Schule eingeübt werden.

Evidenzbeweis	Anführung einleuchtender Beobachtungen und Erfahrungen	Die allgemeine Erfahrung zeigt, dass junge Menschen weniger Scheu haben, am Computer zu arbeiten als ältere.
Analogiebeweis	Rückschlüsse aus allgemein bekannten Tatsachen oder Ereignissen	Wer selten telefoniert, hat meist eine Scheu davor. Ebenso ist es im Umgang mit dem Computer.

Bleibt die Argumentation bei der These und der Begründung oft im allgemeinen, theoretischen Bereich, ist besonders das Beispiel geeignet, Sachverhalte zu veranschaulichen. Sie sollten deshalb immer darauf achten, dass die von Ihnen angeführten Beispiele nachvollziehbar und für jedermann verständlich sind. Hüten Sie sich aber vor trivialen Beispielen, z. B. vor Beispielen aus dem Bereich Ihrer Familie oder Ihres Freundeskreises. Solche Beispiele stehen oft für singuläre Ereignisse oder Erfahrungen und sind für Außenstehende meist nicht nachvollziehbar. Unpassende, triviale Beispiele beginnen meistens so:

- Meine Tante hat auch schon erlebt, wie …
- Auch meinem Freund Fritz ist es so ergangen, dass …
- Ich habe letzte Woche selbst die Erfahrung gemacht, dass …

Wenn Sie den Beweis nicht schon zur Begründung Ihrer These eingesetzt haben, ist das Beispiel vielleicht der richtige Ort dafür.

RÜCKFÜHRUNG ZUR THESE (SCHLUSSFOLGERUNG) Die Rückführung rundet das Argument ab und stellt den Bezug zur These abschließend noch einmal her. Fehlt die Rückführung, hängt die Argumentation in der Luft, der Leser fragt sich: Was sollen mir die Begründung und das Beispiel sagen? Diese Frage wird in der Rückführung geklärt. Der Leser weiß, wohin das Argument zielt, und ist bereit, ein weiteres Argument zu durchdenken. Achten Sie aber darauf, dass Sie nicht nur die These wiederholen, sondern machen Sie deren Allgemeingültigkeit deutlich.

Einleitung und Schluss

QUICK-FINDER

Funktion von Einleitung und Schluss

DEFINITION Jeder Aufsatz braucht eine Einleitung und einen Schluss. Die Einleitung soll zum Thema hinführen, der Schluss den Leser aus dem Aufsatz entlassen. Häufig besteht aber die Gefahr, dass die Einleitung schon wichtige Argumente vorwegnimmt, die eigentlich im Hauptteil ausführlich behandelt werden müssten. Andererseits ist der Schluss oft nicht mehr als eine Wiederholung des Hauptteils in Kürze. Beides schadet Ihrem Erörterungsaufsatz – deshalb sollten Sie es vermeiden.

Einleitung

KENNZEICHEN Was macht eine gute Einleitung aus? Orientieren Sie sich an folgenden Aspekten. Eine gelungene Einleitung

- umreißt die Hintergründe der Thematik,
- macht deutlich, was in dem Thema steckt und
- führt zum Thema und der Problematik der Erörterung hin.

FUNKTION Damit Ihre Einleitung das leisten kann, sollten Sie keine persönlichen Erlebnisse oder Erfahrungen an den Anfang des Aufsatzes stellen.

MÖGLICHE ASPEKTE Um das Thema zu umreißen, sind folgende Aspekte besser geeignet:

- ein aktuelles Beispiel von allgemeinem Interesse,
- die Beschreibung eines allgemeinen Zustandes,

- der Bezug auf eine Statistik oder anderes Zahlenmaterial,
- Bezug auf die geschichtlichen Hintergründe,
- ein Sprichwort, ein Zitat oder eine Begriffserklärung (Definition),
- bei der literarischen Erörterung: der Hinweis auf die Bedeutung des Motivs, Ausführungen zur Person oder zum Werk des Dichters, der Bezug auf die literarische Gattung.

Der Einleitung sollte eine knappe Überleitung zum Hauptteil folgen, in der der konkrete Arbeitsauftrag formuliert ist.

Schluss

FUNKTION Der Schluss rundet Ihre Arbeit ab, er ist also ganz wichtig, denn er prägt den Eindruck, den der Leser von Ihrem Erörterungsaufsatz gewinnt, entscheidend mit.

MÖGLICHE ASPEKTE Welche Aspekte können Sie im Schlussteil Ihrer Arbeit behandeln?
Sie können:

- an den Einleitungsgedanken anknüpfen,
- wichtige Ergebnisse der Erörterung pointiert zusammenfassen,
- eine begründete persönliche Stellungnahme abgeben,
- einen Ausblick auf die Zukunft geben,
- auf weitere Aspekte des Themas verweisen, die sich im Anschluss an Ihre Erörterung aufdrängen.

ZUSAMMENHANG VON EINLEITUNG UND SCHLUSS In jedem Fall sollten Sie darauf achten, dass der Schluss den Einleitungsgedanken noch einmal aufnimmt und unter Einbeziehung der Aspekte, die sich durch die Erörterung ergeben haben, zu einem sinnvollen Abschluss bringt.

Folgendes Schaubild veranschaulicht den Rahmen, den Einleitung und Schluss um Ihren Erörterungsaufsatz bilden sollten:

Achten Sie darauf, dass Einleitung und Schluss nicht ausufern. Es gilt die Faustregel, dass beide Teile zusammen nicht mehr als ungefähr ein Viertel des Hauptteils ausmachen sollten.

Sprachliche Gestaltung

QUICK-FINDER

Sachlich-argumentative Sprache

SACHSTIL Die Erörterung ist eine sachliche Form, das sollten Sie auch bei der sprachlichen Gestaltung berücksichtigen. Satzgestaltung, Stilebene und Begrifflichkeit müssen klar von der sonst verwendeten Umgangssprache unterschieden sein.

STANDARDSPRACHE Die Sprachebene muss zum Thema der Ausführungen passen. Es wäre nicht angemessen, auf philosophische, literarische, politische oder gesellschaftliche Fragestellungen, mit denen Sie es ja im Erörterungsaufsatz in aller Regel zu tun haben, mit umgangssprachlichen Wendungen oder Dialektvokabular zu antworten. Doch Sie sollten auch nicht auf antiquierte Begriffe zurückgreifen oder zu hochtrabend schreiben. Als Faustregel sollte gelten: Schreiben Sie so, wie man gepflegt spricht.

PRÄZISER AUSDRUCK Bemühen Sie sich um eine präzise Ausdrucksweise. Vermeiden Sie banale Wendungen und schreiben Sie nicht zu pauschalisierend.
Folgende Gegenüberstellung zeigt Ihnen, wie die gröbsten Ausrutscher zu vermeiden sind:

UNPASSENDE FORMULIERUNGEN	GELUNGENER AUSDRUCK
Ein anderer **Punkt** ist, dass …	Ein anderer **Aspekt** ist, dass …
Die Sache ist die, dass …	**Es geht darum,** zu erkennen …

Die Menschen denken, dass …	**Viele Menschen** denken, dass …
Deshalb glaubt **jeder,** dass …	Deshalb glauben **viele Menschen,** dass …
Weltweit wurde der Roman **von allen Kritikern** sehr gelobt.	Weltweit wurde der Roman **von vielen Kritikern** gelobt.

VERMEIDUNG VON FÜLLWÖRTERN UND FLOSKELN Füllwörter und Floskeln besitzen keinen Aussagewert. Sie haben in einem sachlich-argumentativen Text nichts zu suchen, denn sie verschleiern die Zusammenhänge eher, als dass sie sie erhellen. Nichtssagende Wendungen wie natürlich – sowieso – selbstverständlich – es ist klar, dass … – auch – wie jeder weiß – das ist wissenschaftlich erwiesen müssen in jedem Fall vermieden werden.

VERWENDUNG VON FACHBEGRIFFEN Gehen Sie davon aus, dass ein kundiger Leser Ihre Arbeit liest; verwenden Sie also Fachsprache. Erklären Sie dabei nur die Begriffe, von denen Sie annehmen müssen, dass sie vom Leser nicht verstanden werden.
So ist es z. B. bei einem Erörterungsaufsatz zum Thema „Moderne Technologien“, in dem Sie sich auch zu PCs äußern, nicht nötig, Begriffe wie Maus, Desktop, Server, Hardware oder CD zu erläutern. Sinnvoll kann aber eine Abgrenzung der Begriffe Internet und Intranet sein.

VERWENDUNG VON NOMINALSTIL Der argumentative Stil verlangt Nominalisierungen. Folgendes Beispiel kann dies verdeutlichen:

VERBALSTIL	NOMINALSTIL
Dass die Schülerinnen und Schüler zu lebenslangem Lernen befähigt werden, ist eine der Kernaufgaben der weiterführenden Schule im 21. Jahrhundert.	Eine der Kernaufgaben der weiterführenden Schule im 21. Jahrhundert ist die Befähigung der Schülerinnen und Schüler zu lebenslangem Lernen.

Wie das Beispiel zeigt, wirkt der im Nominalstil verfasste Satz wesentlich exakter und professioneller. Verbalstil ist für Erzählungen gut geeignet – er wirkt anschaulich und kann Spannung erzeugen. Doch gerade das soll bei der Argumentation vermieden werden.

Gestaltung komplexer Sätze

SATZGESTALTUNG Für die Satzgestaltung beim Argumentieren gilt: Vermeiden Sie alle Schreibhaltungen, die Spannung erzeugen könnten, also kurze Sätze, Ausrufesätze, offene Sätze. Legen Sie Ihre Gedanken begründet, ausführlich, aber nicht umständlich dar. Verwenden Sie dazu Satzgefüge, also Haupt- und Nebensätze – nur damit können Sie begründet argumentieren.

Für die Satzgestaltung bedeutet dies:
- Legen Sie Ihre Ausführungen in ganzen Sätzen dar.
- Äußern Sie sich in Aussagesätzen.
- Nur in Ausnahmefällen sollten Sie rhetorische Fragen verwenden.
- Verwenden Sie Satzgefüge, nicht Satzreihen.

DARSTELLUNG LOGISCHER VERKNÜPFUNGEN Satzgefüge bestehen aus Haupt- und Nebensätzen. Diese müssen passend verbunden werden, damit sie auf den Leser wie beabsichtigt wirken können. Verwenden Sie dazu z. B. folgende Nebensatzkonjunktionen:

da – weil – wenn – falls – obwohl – damit – nachdem – dadurch, dass – während – wohingegen – um … zu – indem – als

ÜBERLEITUNGEN Zwischen den Argumenten bzw. zwischen Argument und Beispiel sollten Sie so überleiten, dass kein gedanklicher Bruch entsteht oder die einzelnen Teile unverbunden nebeneinanderstehen. Sie sollten durch die Überleitung schon andeuten, ob nun eine weitere Aussage folgt, die dieselbe Zielrichtung hat, ob die nächste Aussage eine Steigerung bedeutet oder ob sich die Argumentation dreht und Sie zu gegenteiligen Argumenten übergehen.

Überleitungen, die eine **Reihung** kennzeichnen, sind z. B.:

Ebenso wichtig wie … ist …
Nicht vergessen werden darf …
Ein weiterer Gesichtspunkt gehört hierher: …
Nicht zuletzt deshalb, weil …
Dazu kommt noch, dass …
Darüber hinaus ist von Bedeutung, dass …
Nicht anders ist es mit …
… auch daran sei erinnert …
Schließlich muss darauf hingewiesen werden, dass …

Folgende Überleitungen können bei einer **Steigerung** der Argumentation eingesetzt werden:
Noch wichtiger als … ist …
Am wichtigsten erscheint mir allerdings …
Schwerer wiegt jedoch …
Überzeugender ist wohl noch der Gesichtspunkt, dass …
Gewichtiger ist da schon …
Ganz entscheidend ist jedoch …

Einen **Gegensatz** markieren folgende Überleitungen:
Einschränkend muss man sagen, dass …
Jedoch muss man auch feststellen, dass …
Im Gegensatz dazu kann man feststellen, dass …
Dagegen spricht jedoch …
Allerdings muss man bedenken, dass …
Trotz all dieser Gründe darf nicht vergessen werden, dass …
Es darf aber nicht übersehen werden, dass …

5 Kreatives Schreiben

Produktive Interpretation literarischer Texte

QUICK-FINDER

Ziel der produktiven Interpretation

VERFASSEN EINES EIGENEN TEXTES Ziel der produktiven Interpretation ist die Abfassung eines eigenen Textes, der auf den ursprünglichen literarischen Text angemessen reagiert.

TREFFENDES VERSTÄNDNIS DES AUSGANGSTEXTES Um einen eigenen Text zu verfassen, ist es nötig, den zugrunde liegenden Text genau zu lesen, ihn zu verstehen und ihn für sich zu deuten. Die Arbeitsschritte, die von der Textanalyse bzw. der Textinterpretation her gewohnt sind, müssen also auch hier geleistet werden. Sie werden aber meist nicht versprachlicht und niedergeschrieben, sondern bilden die Grundlage für die eigene Arbeit.
Darin liegt auch ein Qualitätsmerkmal der produktiven Interpretation: Je gründlicher ein Text untersucht, je genauer er verstanden wird, desto differenzierter wird der darauf reagierende Text ausfallen.

SENSIBILISIERUNG FÜR DIE TEXTGESTALTUNG Der produktive Umgang mit literarischen Texten sensibilisiert für die Machart eines Textes. Es wird bei der genauen Untersuchung, die die Voraussetzung für die eigene Produktion ist, deutlich, wie ein Autor seinen Text gestaltet hat und dass dabei nichts dem Zufall überlassen ist.

Mögliche Aufgabenstellungen

Wie auf einen literarischen Text geantwortet werden soll, ist in der Regel durch die Aufgabenstellung vorgegeben. Folgende Möglichkeiten sollten Sie kennen:

PERSPEKTIVE WECHSELN Wird z. B. ein Prosatext, der in auktorialer Perspektive abgefasst ist, in die Ich-Perspektive umgeschrieben, können Empfindungen und Gedanken des Erzählers noch viel genauer und unmittelbarer wiedergegeben werden.

WEITERSCHREIBEN Der literarische Text bricht vor einer entscheidenden Stelle ab und muss dann im ursprünglichen Stil, unter genauer Bezugnahme auf die Handlung und unter Einbeziehung der Figuren fortgesetzt werden.

UMSCHREIBEN z. B. der Handlung eine andere Zielrichtung geben.

TEXTSORTE VERÄNDERN z. B. ein Gedicht in einen Prosatext umschreiben.

BRIEF, TAGEBUCH, RÜCKBLICKENDE ERINNERUNG z. B. zu einer Kernstelle eines Romans die Gedanken der Hauptfigur in einem anderen Kontext wiedergeben.

PARODIE VERFASSEN z. B. bei einem Gedicht unter weitgehender Beibehaltung von Form und Sprache den Inhalt ins Gegenteil verkehren.

Produktive Interpretation eines Gedichts

VORARBEITEN Folgendes Beispiel zeigt Ihnen, wie es Ihnen gelingen kann, zu einem vorgegebenen Gedicht ein Parallelgedicht zu schreiben. Die Aufgabenstellung lautet:

Schreiben Sie zu dem vorliegenden Gedicht von **C. F. Meyer** ein Parallelgedicht.

Conrad Ferdinand Meyer: *Schwüle* (1882)

Trüb verglomm der schwüle Sommertag,
Dumpf und traurig tönt mein Ruderschlag –
Sterne, Sterne – Abend ist es ja –
Sterne, warum seid ihr noch nicht da?

Bleich das Leben! Bleich der Felsenhang!
Schilf, was flüsterst du so frech und bang?
Fern der Himmel und die Tiefe nah –
Sterne, warum seid ihr noch nicht da?

Eine liebe, liebe Stimme ruft
Mich beständig aus der Wassergruft –
Weg, Gespenst, das oft ich winken sah!
Sterne, Sterne, seid ihr nicht mehr da?

Endlich, endlich durch das Dunkel bricht –
Es war Zeit! – ein schwaches Flimmerlicht –
Denn ich wusste nicht wie mir geschah.
Sterne, Sterne, bleibt mir immer nah!

Folgendermaßen sollten Sie vorgehen:
Lesen Sie zuerst das Gedicht genau, möglichst mehrmals, und finden Sie heraus, um was es geht.

- Untersuchen Sie dann den Aufbau des Gedichts: Anzahl der Verse und Strophen, Versmaß, Endreimschema und Kadenzen.
- Untersuchen Sie nun die sprachlichen Gestaltungsmittel des Gedichts: Wiederholungen, Ausrufe, variierter

Refrain, Verwendung von Substantiven und Adjektiven.
• Überlegen Sie sich dann ein Thema für Ihr Parallelgedicht.

UNTERSUCHUNG DES GEDICHTS Die folgende Untersuchung des Gedichts fertigen Sie im Regelfall nur für sich als Verständnishilfe an. Sie ist dann nicht Teil Ihrer abzugebenen Arbeit.

UNTERSUCHUNG ZUM AUFBAU DES GEDICHTS

BAUFORM	C. F. Meyer Schwüle	END- REIM
4 Strophen	Trüb verglomm der schwüle Sommertag,	a
mit je 4	Dumpf und traurig tönt mein Ruderschlag –	a
Versen	Sterne, Sterne – Abend ist es ja –	b
	Sterne, warum seid ihr noch nicht da?	b
Versmaß:		
vierhebiger	Bleich das Leben! Bleich der Felsenhang!	c
Trochäus	Schilf, was flüsterst du so frech und bang?	c
	Fern der Himmel und die Tiefe nah –	b
Endreim:	Sterne, warum seid ihr noch nicht da?	b
Paarreim		
	Eine liebe, liebe Stimme ruft	d
	Mich beständig aus der Wassergruft –	d
	Weg, Gespenst, das oft ich winken sah!	b
	Sterne, Sterne, seid ihr nicht mehr da?	b
	Endlich, endlich durch das Dunkel bricht –	e
	Es war Zeit! – ein schwaches Flimmerlicht –	e
	Denn ich wusste nicht wie mir geschah.	b
	Sterne, Sterne, bleibt mir immer nah!	b

BEARBEITEN DES GEDICHTS Das Gedicht von Conrad Ferdinand Meyer zeigt das lyrische Ich in einer belastenden Situation. Die Adjektive „trüb“, „dumpf“ und „traurig“ weisen darauf schon in der ersten Strophe hin. Diese Grundstimmung des Gedichts steigert sich bis zur dritten Strophe, wo sogar der Gedanke an Selbstmord anklingt („ruft ... Wassergruft“). In der vierten Strophe beruhigt sich das lyrische Ich unter dem Eindruck der erscheinenden Sterne.
Die negative Grundstimmung des Gedichts legt es nahe, eine heitere Parallelfassung zu schreiben. Das betrifft sowohl die Thematik, die ebenfalls aus dem eigenen Erfahrungshorizont stammen sollte, als auch die Wortwahl; fröhlich klingende Adjektive könnten diese Wirkung unterstützen.

SCHREIBEN DES PARALLELGEDICHTS Nach der geleisteten Untersuchung des Gedichts von C. F. Meyer können Sie mit der eigenen Textproduktion beginnen.
Folgendermaßen sollten Sie dabei vorgehen:
- Schreiben Sie Ihr Gedicht, halten Sie sich dabei aber möglichst genau an Bauform und Gestaltungsmittel des vorliegenden Gedichts. Verwenden Sie an wichtigen Textstellen eigene Worte.
- Übernehmen Sie die Strophen- und Versgliederung der Vorlage.
- Ersetzen sie die Wörter oder Verse durch neu gewählte, mit deren Hilfe Sie Ihr Parallelgedicht gestalten wollen.
- Schreiben Sie nun Ihr Parallelgedicht auf, ahmen Sie dabei die Vorlage in der Form nach.
- Finden Sie für Ihr Gedicht eine passende Überschrift und setzen Sie sie über das Gedicht.

Das Parallelgedicht kann dann so lauten:

Ferien
Trüb verging der lange Schulalltag,
Der Lehrer keift, den ich nicht mag,
Ferien, Ferien – Sommer ist es ja –
Ferien, warum seid ihr noch nicht da?

Hart das Leben, hart die Schulbank,
Lehrer was schreist du, es macht mich krank,
Fern die Freiheit und die Pflicht ist nah,
Ferien, warum seid ihr noch nicht da?

Eine böse, böse Stimme lockt,
Ich erwach total geschockt,
Weg, die Schule, in die ich täglich muss,
Ferien, Ferien, ich erwarte euch mit Genuss.

Noch ein paar Tage, dann ist's Zeit,
Denn ich bin schon lang für die Ferien bereit,
Der letzte Schulgong tönt ganz klar,
Ferien, Ferien, jetzt seid ihr endlich da.

Produktive Interpretation eines Prosatextes

VORARBEITEN Im folgenden Beispiel werden Sie angeleitet, einen Prosatext umzuschreiben.

Die Aufgabenstellung lautet:
Gestalten Sie eine Fortsetzung des Prosatextes im Stil Kafkas. Greifen Sie das Gedankenexperiment des Erzäh-

ler-Ichs auf: „Wie wäre es...?“ (Z. 24). Gehen Sie dabei von der Annahme aus, der Vater würde die Tür öffnen.

Franz Kafka: *Heimkehr*

Ich bin zurückgekehrt, ich habe den Flur durchschritten und blicke mich um. Es ist meines Vaters alter Hof. Die Pfütze in der Mitte. Altes, unbrauchbares Gerät, ineinander verfahren, verstellt den Weg zur Bodentreppe. Die Katze lauert auf dem Geländer. Ein zerrissenes Tuch, einmal im Spiel um eine Stange gewunden, hebt sich im Wind.
Ich bin angekommen. Wer wird mich empfangen? Wer wartet hinter der Tür der Küche? Rauch kommt aus dem Schornstein, der Kaffee zum Abendessen wird gekocht. Ist dir heimlich, fühlst du dich zu Hause? Ich weiß es nicht, ich bin sehr unsicher. Meines Vaters Haus ist es, aber kalt steht Stück neben Stück, als wäre jedes mit seinen eigenen Angelegenheiten beschäftigt, die ich teils vergessen habe, teils niemals kannte. Was kann ich ihnen nützen, was bin ich ihnen und sei ich auch des Vaters, des alten Landwirts Sohn. Und ich wage nicht an die Küchentür zu klopfen, nur von der Ferne horche ich, nur von der Ferne horche ich stehend, nicht so, dass ich als Horcher überrascht werden könnte. Und weil ich von der Ferne horche, erhorche ich nichts, nur einen leichten Uhrenschlag höre ich oder glaube ihn vielleicht nur zu hören, herüber aus den Kindertagen. Was sonst in der Küche geschieht, ist das Geheimnis der dort Sitzenden, das sie vor mir wahren. Je länger man vor der Tür zögert, desto fremder wird man. Wie wäre es, wenn jetzt jemand die Tür öffnete und mich etwas fragte. Wäre ich dann nicht selbst wie einer, der sein Geheimnis wahren will.

Folgendermaßen sollten Sie vorgehen:
- Lesen Sie zuerst Kafkas Parabel genau, mindestens zweimal. Bedenken Sie, dass dieser Text die Grundlage für Ihre weitere Arbeit ist. Markieren Sie den Text schon ab dem ersten Lesen, streichen Sie die Textstellen an, die Ihnen auffallen, die Ihnen wichtig erscheinen oder die Ihnen unklar sind.
- Analysieren Sie den Text genau im Hinblick auf die Untersuchungskriterien für Prosatexte. Überdenken Sie dann Ihre Analyseergebnisse und wagen Sie für sich selbst eine Interpretation.
- Setzen Sie nun den Text Kafkas unter den genannten Bedingungen fort. Orientieren Sie sich dabei am Stil und am Inhalt der Vorlage.

UNTERSUCHUNG DES TEXTES Die folgende Untersuchung des Prosatextes fertigen Sie im Regelfall nur für sich als Verständnishilfe an, evtl. auch in Stichpunkten. Sie ist dann nicht Teil Ihrer abzugebenden Arbeit.
Kafkas Parabel „Heimkehr" handelt von einem Sohn, der vermutlich nach längerer Abwesenheit wieder zu seinem Elternhaus kommt, jedoch seiner Gefühle unsicher ist und nicht einzutreten wagt. Die Parabel gibt aus der Sicht des Sohnes in Form eines inneren Monologs dessen Gedanken und Gefühle wieder.
Der erste Absatz beschreibt die Grundsituation: Der Sohn ist zu seinem Elternhaus zurückgekehrt und nähert sich diesem durch den Hof, der genauer beschrieben wird: „Die Pfütze in der Mitte, unbrauchbares Gerät, ineinander verfahren, verstellt den Weg zur Bodentreppe." (Z. 2 ff). Diese Beschreibung zeigt, dass der Ich-Erzähler den elterlichen Hof wiedererkennt und dass dieser, vielleicht erst neuerdings, einen verwahrlosten Eindruck

macht. Auch die Katze erkennt er wieder, was der bestimmte Artikel nahelegt (Z. 4).
Der zweite Abschnitt beginnt mit der Feststellung: „Ich bin angekommen.“ (Z. 7). Der parallele Satzbau des ersten und zweiten Satzes verdeutlicht den Versuch des Ich-Erzählers, Sicherheit zu gewinnen. Dies gelingt aber nicht, sogleich überkommen ihn erste Zweifel (Z. 7), die in Fragesätze gekleidet sind. Seine Gedanken kreisen um die Personen, die er antreffen wird, und um seine Gefühle. Zwar nimmt er den Rauch wahr, der aus dem Schornstein kommt, und vermutet (oder riecht?), dass Kaffee gekocht wird. Doch er ist sich seiner Gefühle unsicher und empfindet keine Vertrautheit, worauf die redundante Antwort auf die Frage „Ist dir heimlich, fühlst du dich zu Hause?“(Z. 10) hinweist. Er versichert sich zwar selbst, dass es „[s]eines Vaters Haus“ (Z. 11) sei, vor dem er sich befindet, aber er empfindet die Atmosphäre als kalt. Die häufig verwendeten Possessivpronomina in diesem Teil des Textes dienen nicht der Darstellung eines Besitzes, sondern sind vielmehr der Versuch, die Zugehörigkeit des Ich-Erzählers zu bestimmen. Dabei wird die Entfremdung von dem einst Vertrauten erkennbar, wenn er feststellt: „kalt steht Stück neben Stück“ (Z. 11 f.). Die Entfremdung, die hier sichtbar wird, bezieht sich auf den Vater, der als der Besitzer dieses Hauses genannt wird. Die Unsicherheit des Ich-Erzählers wird durch den verwendeten Konjunktiv („und sei ich auch des Vaters, des alten Landwirts Sohn“, Z. 15) verdeutlicht, sie bezieht sich aber ebenso auf die übrigen Familienmitglieder, wie die folgenden Fragen des inneren Monologs zeigen: „Was kann ich ihnen nützen, was bin ich ihnen“ (Z. 14 f.). Der Ich-Erzähler wagt deshalb nicht den Schritt über die Türschwelle, er klopft nicht an. Wohl empfindet er aber

Interesse für das, was im Haus vor sich geht und verlegt sich deshalb aufs Horchen; das Verb „horchen“ kommt in den Zeilen 17 ff. fünfmal in Variation vor.
Inzwischen hat der Ich-Erzähler längst beschlossen, das Elternhaus nicht zu betreten und sich nicht zu erkennen zu geben. Deshalb will er auch beim Horchen nicht überrascht werden. In einem Anflug von Sentimentalität glaubt er, der sonst keine Geräusche aus dem Haus wahrnimmt, den Uhrenschlag zu hören, räumt aber sofort ein, dass dies auch nur eine Erinnerung aus „Kindertagen“ (Z. 21) sein könne.
Doch nicht nur der Ich-Erzähler ist allein mit seinen Gedanken und Erinnerungen, auch die in der Küche Versammelten sind von der Außenwelt abgeschlossen und nehmen den vor der Tür ausharrenden Sohn nicht wahr. Das „Geheimnis der dort Sitzenden“ (Z. 22 f.), ihre Gefühle, ihre Gedanken, ihr Tun, bleibt dem Ich-Erzähler verschlossen. Dieses Wissen führt ihn zu der sentenzhaft formulierten Erkenntnis: „Je länger man vor der Tür zögert, desto fremder wird man.“ (Z. 23 f.). Die Vorstellung, jemand würde die Tür öffnen und ihn etwas fragen, macht ihm bewusst, dass er tatsächlich ein Fremder mit einem eigenen „Geheimnis“ (Z. 26) geworden ist, dem die Kontaktaufnahme nicht leichtfallen würde.

BEARBEITEN DES TEXTES Die Texte Kafkas werden oft unter biografischem Aspekt interpretiert. Die schwierige Beziehung zwischen Vater und Sohn, die im „Brief an den Vater“ thematisiert wird, ist dafür ebenso die Grundlage wie die Darstellung der Vaterfiguren in den literarischen Texten Kafkas. In dieser Fortsetzung wird der biografische Deutungsansatz bewusst ausgeblendet. Eine textimmanente Interpretation weist nicht zwin-

gend auf eine problematische Vater-Sohn-Beziehung hin. Es besteht sehr wohl die Möglichkeit, den Text gegen den Strich der gängigen Interpretationen zu lesen und den Vater in der Fortsetzung positiv zu zeichnen. Der Sohn wird dabei als unsicher, als nervlich überreizt dargestellt, als jemand, der sich lediglich einbildet, zu Hause nicht mehr willkommen zu sein.
Die sprachliche Gestaltung muss sich eng an der literarischen Vorlage orientieren: Verwendung von kurzen Sätzen, parataktische Reihung gepaart mit parallelem Satzbau und inhaltlicher Wiederholung. Die Personen werden nicht namentlich genannt; bei der Erwähnung des Vaters wird der bestimmte Artikel „der", nicht wie sonst üblich das Possessivpronomen „mein" verwendet.
Inhaltlich kann die Fortsetzung an die Erwähnung des abendlichen Kaffees anknüpfen. Auch der Standort des Sohnes – nicht direkt vor der Tür, sondern im Schatten der Abendsonne vor dem Schuppen auf dem Hof – will umgesetzt werden. Auf die von Kafka gesetzte Leerstelle des Textes, das „Geheimnis" der Figuren, muss Bezug genommen werden. Zudem muss der Stil Kafkas nachgeahmt werden, z. B. durch eine neue Leerstelle im Text.

UMSCHREIBEN DES TEXTES Nach der geleisteten Untersuchung des Prosatextes von Franz Kafka können Sie mit der eigenen Textproduktion beginnen.

Folgendermaßen sollten Sie dabei vorgehen:
- Schreiben Sie Ihre Fortsetzung, halten Sie sich dabei aber möglichst genau an Stil und Gestaltungsmittel des vorliegenden Prosatextes.
- Übernehmen Sie die Atmosphäre des Textes und die Figuren.

- Ändern Sie den Schluss in Ihrem Sinn ab und schreiben Sie ihre Version auf.

So könnte die Fortsetzung gestaltet sein:

Wie wäre es ... hänge ich gerade meinen Gedanken nach, als sich plötzlich unter lautem Knarzen die Tür öffnet. Der Vater steht im Türrahmen, den Blick direkt auf mich gerichtet. Ich stehe reglos im Schatten des Schuppens. Sieht er mich, erkennt er mich? Plötzlich ein Schrei, aus der Tiefe der Vergangenheit: Mein Sohn, mein Sohn. Endlich. Du bist da. Er läuft auf mich zu, er umarmt mich. Wir warten auf dich. Die Mutter und die Schwester warten auf dich. Schon lange. Komm herein, dein Kaffee steht am Tisch, an deinem Platz, wie jeden Abend.
In der Küche gibt es ein herzliches Wiedersehen. Die Nacht wird lang. Viel gibt es zu erzählen. Von einem Geheimnis keine Spur. Wie unsicher man doch wird, wenn man lange von zu Hause weg war.

6 Sprache und Kommunikation

Sprache als kommunikative Leistung

QUICK-FINDER

Sprache als Zeichensystem

THEORIE VON DE SAUSSURE Der Schweizer Sprachwissenschaftler **Ferdinand de Saussure** (1857–1913) entwickelte zu Beginn des 20. Jahrhunderts eine Theorie von den sprachlichen Zeichen. Diese besagt, dass das sprachliche Zeichen aus zwei Komponenten besteht: aus dem Lautbild und der Vorstellung, die sich mit dem Gegenstand verbindet.

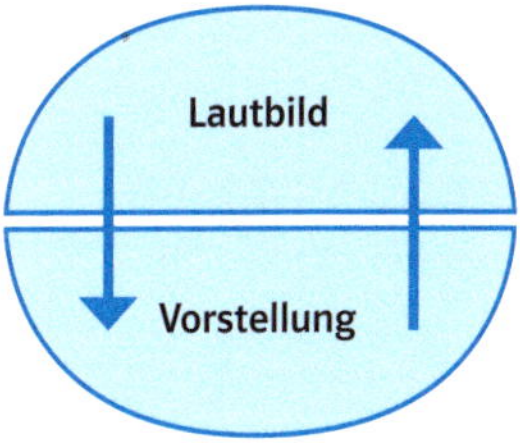

Der Grundgedanke dabei ist, dass es keine im Lautbild selbst liegende Qualität gibt, die eine bestimmte Bedeutung rechtfertigen könnte. Dieses Prinzip der willkürlichen Zuordnung, das auf Konventionen basiert und von Einzelnen nicht verändert werden kann, nennt man Arbitrarität. Das Arbitraritätsprinzip lässt sich sowohl an dem Umstand ablesen, dass verschiedene Sprachen verschiedene Zeichen für gleiche Bedeutungen verwenden, als auch daran, dass sich die Bedeutung von Zeichen mit der Zeit verändert.

SEMIOTISCHES DREIECK Die Sprachwissenschaftler **Charles Kay Ogden** (1889–1957) und **Ivor Armstrong Richards** (1893–1979) haben das zweiseitige Modell von de Saussure aufgenommen und um eine dritte Komponente erweitert: das konkrete Objekt. Dabei gibt es keine notwendige Verbindung zwischen Lautbild und Objekt. Ihr Beispielsatz „Der Gostak bestimmt die Doschen" ist grammatikalisch richtig, aber unverständlich, weil man die semantische Füllung von Gostak und Doschen nicht kennt. Es fehlt der Bezug zu einem konkreten Objekt, das willkürlich gesetzt ist und erlernt werden muss.

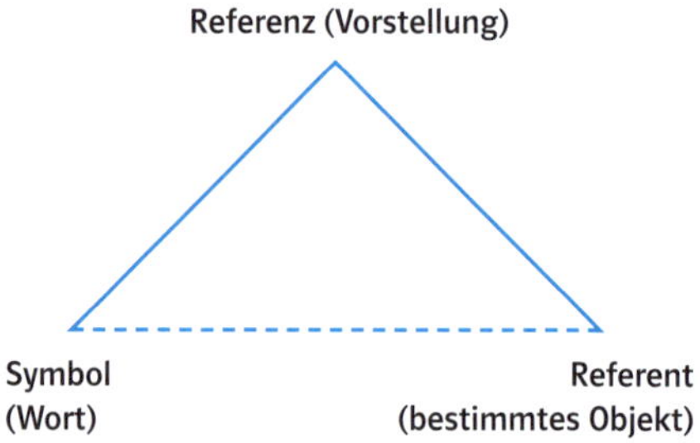

Sprache und Denken

VERHÄLTNIS VON SPRACHE UND DENKEN Sind Sprache und Denken abhängig voneinander oder sind sie voneinander völlig unabhängig? Diese Frage wird seit der Antike erörtert. Dachte der griechische Philosoph Platon, Denken sei nichts anderes als lautloses Sprechen, geht man unter dem Einfluss der Psychoanalyse seit dem 20. Jahrhundert davon aus, dass das Denken vom Sprechen unabhängig ist.

SAPIR-WHORF-HYPOTHESE Die amerikanischen Sprachforscher **Benjamin Lee Whorf** (1897–1941) und **Edward Sapir** (1884-1939) untersuchten das Hopi, eine Eingeborenensprache nordamerikanischer Indianer, die sich über einige tausend Jahre unabhängig von allen anderen Sprachen entwickeln konnte. Dabei kamen sie zu folgendem Ergebnis: Die Denkmuster und Verhaltensweisen einer Kultur schlagen sich in der Sprache nieder und bestimmen von daher das Denken der Menschen (linguistischer Determinismus). In verschiedenen Kulturen werden die gleichen Dinge anders erfasst, je nach Grammatik und Wortschatz (sprachliches Relativitätsprinzip).

Sprache und Kommunikation

KOMMUNIKATION ZWISCHEN MENSCHEN Die moderne Sprachwissenschaft, die Linguistik, beschreibt mit Hilfe verschiedener Kommunikationsmodelle, wie die Kommunikation zwischen Menschen funktioniert, welche Faktoren daran beteiligt sind und in welchem Verhältnis sie zueinander stehen.
Die grundlegende Frage lautet:

Wer sagt
was
mit welchen Mitteln
zu wem
mit welcher Wirkung?

- Die Frage nach dem „wer“ bezieht sich auf den Sprecher, von dem der Kommunikationsprozess ausgeht. Im Kommunikationsmodell wird er auch als „Sender“ bezeichnet.
- Bei „was“ geht es um den Inhalt des Gesagten. Im Kommunikationsmodell nennt man das die „Nachricht“.
- „mit welchen Mitteln“ meint den Kode, also die Sprachzeichen und ihre Verknüpfung, die der Sender wählt.
- „zu wem“: Damit ist der Adressat (im Fachjargon „der Empfänger“) gemeint.
- Damit die Kommunikation funktioniert, müssen sowohl der Sender als auch der Empfänger über einen gemeinsamen Bezugsrahmen verfügen; der Empfänger muss also den Kode des Senders dekodieren können. Nur dann ist gewährleistet, dass die Frage „mit welcher Wirkung“ angemessen beantwortet werden kann.

EINFACHES KOMMUNIKATIONSMODELL Die Beziehungen zwischen Sender und Empfänger können durch ein einfaches Kommunikationsmodell so dargestellt werden:

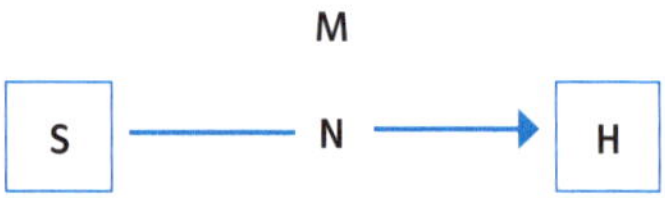

S = Sprecher M = Medium H = Hörer
N = Nachricht

Bühler'sches Organonmodell

SPRACHE ALS WERKZEUG Der Sprachpsychologe **Karl Bühler** (1879–1963) entwickelte 1934 das so genannte „Organonmodell", das beschreibt, was Sprache leisten kann. Der Begriff „Organon" kommt aus dem Griechischen und bedeutet „Werkzeug". Die Sprache ist demnach das Werkzeug, dessen sich ein Sprecher (in schriftlicher Form auch ein Autor) bedient.

Folgende Gewichtungen sind möglich:

- Steht der Sachverhalt im Mittelpunkt, will der Sprecher informieren, einen Sachverhalt klären, Zusammenhänge aufzeigen usw. Man spricht dabei von der Darstellungsfunktion von Sprache.
- Steht der Sprecher im Mittelpunkt, möchte er seine Gefühle, seine Befindlichkeit, seine Ängste, Sorgen und Nöte ausdrücken. Man spricht dabei von der Ausdrucksfunktion von Sprache.
- Steht der Empfänger im Mittelpunkt, will der Sprecher diesem etwas mitteilen. Man spricht dabei von der Appellfunktion von Sprache.

Schaubild des Bühler'schen Organonmodells

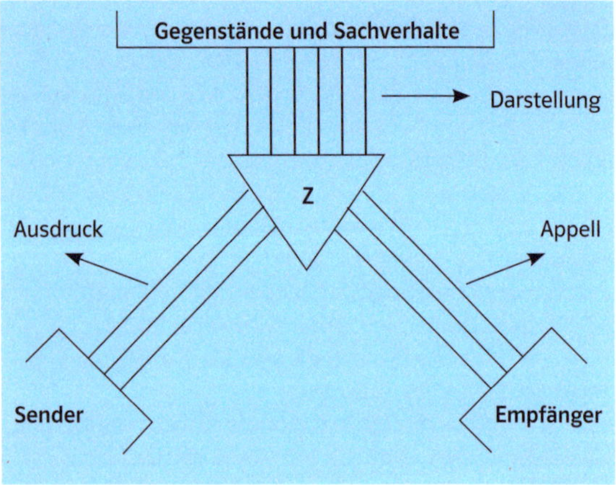

Kommunikationsregeln nach Watzlawick

MAN KANN NICHT NICHT KOMMUNIZIEREN Der Kommunikationswissenschaftler, Psychoanalytiker und Soziologe **Paul Watzlawick** (1921 – 2007) befasste sich vor allem mit gestörter Kommunikation. Dabei ging er davon aus, dass zwei Personen miteinander kommunizieren, sobald sie sich gegenseitig wahrnehmen können. Die Grundannahme dabei ist, dass jedes Verhalten kommunikativen Charakter hat. Da man sich also nicht nicht verhalten kann, ist es auch unmöglich, nicht zu kommunizieren. Das bedeutet, dass wir auch nonverbal und unbewusst kommunizieren.

INHALTS- UND BEZIEHUNGSASPEKT VON KOMMUNIKATION Watzlawick geht davon aus, dass jede Kommunikation eine Sachinformation („was") enthält (Inhaltsaspekt). Zusätzlich nimmt er innerhalb der Sachinformation einen Hinweis an, wie der Sender seine Botschaft verstanden haben will und wie er seine Beziehung zum Empfänger sieht (Beziehungsaspekt). Der Beziehungsaspekt beeinflusst die Art, wie der Empfänger die Botschaft interpretiert. Die Art der Beziehung prägt das gegenseitige Verständnis zwischen zwei Kommunikationspartnern. Wenn der Inhalts- und der Beziehungsaspekt innerhalb einer Kommunikation nicht übereinstimmen, entstehen Kommunikationsstörungen.

Vier Seiten einer Nachricht (Schulz von Thun)

KOMMUNIKATIONSQUADRAT Der Psychologe und Kommunikationsforscher **Friedemann Schulz von Thun** (geb. 1944) entwickelte das Modell des Kommunikationsquadrats. Dieses veranschaulicht die vier Seiten (= Aspekte) einer Nachricht und ist ein wichtiger Erklärungsansatz für das Funktionieren von menschlicher Kommunikation. Schulz von Thun geht davon aus, dass mit einer Nachricht verschiedene Botschaften ausgesendet werden. Sie betreffen:

- den Sachinhalt (das, worüber informiert wird),
- die Selbstoffenbarung (das, was vom Sprecher über sich selbst ausgedrückt wird),
- die Beziehung (das, was der Sprecher vom anderen hält bzw. wie sie zueinander stehen),
- den Appell (das, wozu der Sender den Empfänger veranlassen möchte).

Schaubild des Kommunikationsquadrats

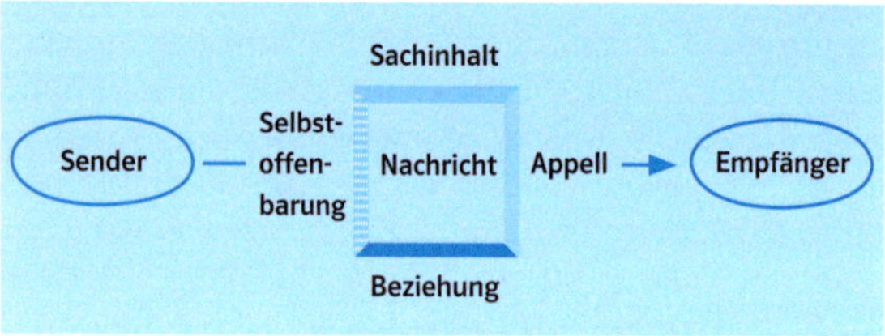

Um sein Kommunikationsmodell zu veranschaulichen, gibt Schulz von Thun folgendes Beispiel:

Folgendes Schaubild zeigt, wie die Nachricht „Du, da vorne ist grün!" im Sinne des Kommunikationsquadrats verstanden werden kann:

Sprachgeschichte und Sprachwandel

QUICK-FINDER

Sprachgeschichte

ENTWICKLUNG DER SPRACHE Beim Sprechen und Schreiben verwendet man die Sprache ganz selbstverständlich, meist ohne über sie nachzudenken. Dabei ist es keineswegs selbstverständlich, dass die deutsche Sprache so ist, wie wir sie heute gebrauchen. Unsere Sprache hat sich aus Vorformen des heutigen Deutsch entwickelt und ist auch heute nicht ganz einheitlich – man denke nur an die verschiedenen Dialekte. Unsere Sprache entwickelt sich noch immer weiter, z. B. weil neue Wörter – derzeit meist aus dem Englischen – hinzukommen.

ENTWICKLUNG ZUR GEGENWARTSSPRACHE Die Form der deutschen Sprache, die heute in Deutschland und dem benachbarten deutschsprachigen Ausland, Österreich, Schweiz und Luxemburg, sowie in manchen Gegenden Frankreichs, Dänemarks, Italiens usw. gesprochen wird, nennt man Neuhochdeutsch. Diese Sprachform hat Vorläufer: das Indoeuropäische, das Germanische, das Althochdeutsche und das Mittelhochdeutsche.

GERMANISCHE LAUTVERSCHIEBUNG Die deutsche Sprache gehört zu den indoeuropäischen (indogermanischen) Sprachen, die schon vor etwa 6000 Jahren in weiten Teilen Europas, Vorderasiens und Vorderindiens verbreitet waren. Durch die erste (germanische) Lautverschiebung trennte sich das Germanische vor 700 v. Chr. von den anderen indoeuropäischen Sprachen, wie dem Slawischen oder dem Romanischen ab.
Kennzeichen der ersten Lautverschiebung ist die Veränderung im Lautsystem von Konsonanten: So wurde p zu f, t zu th, k zu ch. Aus b, d, g wurden p, t, k. Über Ein-

zelheiten dieser Lautverschiebung weiß man wenig, da schriftliche Quellen weitgehend fehlen.

ALTHOCHDEUTSCH (CA. 750 – 1050) Beim Althochdeutschen handelt es sich nicht um eine einheitliche Sprache, sondern um eine Vielzahl ähnlicher Dialekte. Das Althochdeutsche entstand durch die zweite (hochdeutsche) Lautverschiebung aus dem Germanischen.
Kennzeichen der zweiten Lautverschiebung ist ebenfalls eine Veränderung im Lautsystem von Konsonanten: So wurden p – t – k zu den Doppellauten pf – tz – ch. Man nimmt einen Wandel von Süden nach Norden an, der ungefähr bis Köln reicht (so genannte „Benrather Linie“) und das Althochdeutsche (im Süden) vom Altniederdeutschen (im Norden) trennt.

MITTELHOCHDEUTSCH (CA. 1050 – 1350) Das Mittelhochdeutsche ist aus einer Vielzahl von Texten, auch literarischer Art (höfische Romane wie *Erec* und *Iwein* von **Hartmann von Aue** und *Tristan und Isolde* von **Gottfried von Straßburg** sowie der Minnelyrik z. B. von **Walther von der Vogelweide**) überliefert.
Kennzeichen des Mittelhochdeutschen sind:

- Abschwächung der Endsilben (ahd. taga – mdh. tage)
- Abschwächung der volltönenden Vokale in Nebensilben (ahd. geban – mhd. geben)
- Zunehmende Verwendung von Artikeln
- Auslautverhärtung bei Verschlusslauten
- Verwendung von Diphthongen (liebe guote grueze)
- Verwendung von Monophthongen (min hus)

VOM MITTELHOCHDEUTSCHEN ZUM NEUHOCHDEUTSCHEN (NACH 1350) Lautveränderungen kennzeichnen auch den allmählichen Übergang vom Mittelhochdeutschen über das Frühneuhochdeutsche zum Neuhochdeutschen (ab 1650).

Folgende Veränderungen betreffen die Vokale:

- Dehnung in offenen Tonsilben (mhd. ligen – nhd. liegen)
- Schwinden des Vokals (mhd. arebeit – nhd. Arbeit)
- Verlust von Endungsvokalen (mhd. frouwe – nhd. Frau)
- Diphthongierung (langer Vokal wird zu einem Doppellaut: mhd. zit – nhd. Zeit)
- Monophthongierung (Doppellaut wird zu einem Einfachlaut: mhd. muot – nhd. Mut)

Folgende Veränderungen betreffen die Konsonanten:

- s wird zu r (mhd. was – nhd. war)
- z wird nach kurzem Vokal, neben Konsonanten und im Auslaut zum stimmlosen s (mhd. daz – nhd. das/dass)

Das Neuhochdeutsche geht fließend in die Gegenwartssprache über, wobei der Sprachwandel hier eine entscheidende Rolle spielt.

Sprachwandel

VERÄNDERUNGEN DES NEUHOCHDEUTSCHEN Das Neuhochdeutsche existiert seit etwa 1650. Seitdem kann man zunehmende Veränderungen feststellen, die z. T. regelhaften Charakter haben. So bildeten sich seit dem 16. Jh. zunehmend Satzzeichenregeln und Regeln zur Groß- und Kleinschreibung heraus. Diese wurden erstmals 1880 durch Konrad Duden in seinem „Orthographischen Wörterbuch“ zusammengefasst.

Auch wurden schon immer Wörter aus anderen Sprachen in den deutschen Wortschatz aufgenommen.

ERBWORT Als Erbwörter bezeichnet man die Wörter, die sozusagen „schon immer" zur deutschen Sprache gehören, die also meist auf germanische, alt- oder mittelhochdeutsche Begriffe zurückgehen, z. B. *König, Wagen, Pferd, Bruder, Vater, Frau.*

LEHNWORT Lehnwörter wurden aus anderen Sprachen entlehnt, also übernommen. In Schreibweise, Aussprache und Grammatik sind sie dem Deutschen angepasst. Viele Lehnwörter der deutschen Sprache stammen aus dem Lateinischen, z. B. *lat. fenestra – nhd. Fenster, lat. cella – nhd. Keller, lat. camera – nhd. Kammer* usw.

FREMDWORT Zwischen dem 17. und dem 19. Jahrhundert kamen viele Wörter aus dem Französischen zu uns, da die französische Kultur für Deutschland lange Zeit Vorbildcharakter hatte bzw. durch die Herrschaft Napoleons über Europa ein enger Kontakt zu Frankreich entstand. Viele Wörter, die wir noch heute ganz selbstverständlich benützen, stammen aus dem Französischen: z. B. *Blamage, Café, Niveau, Garage, Toilette, Service.*

In jüngerer Vergangenheit werden viele Wörter aus dem Englischen in der deutschen Sprache verwendet. Manche davon sind bereits nach Lautstand, Betonung und Schreibung eingedeutscht (z. B. *Ketchup bzw. Ketschup*), andere werden teilweise immer noch als fremd empfunden *(download, E-Mail, handout, mountainbike)*. Die Grenzen sind dabei fließend.

Sprachgeschichte im Überblick

Das Schaubild zeigt die Entstehung des Germanischen aus dem Indoeuropäischen und die weitere Entwicklung der germanischen Sprachen.

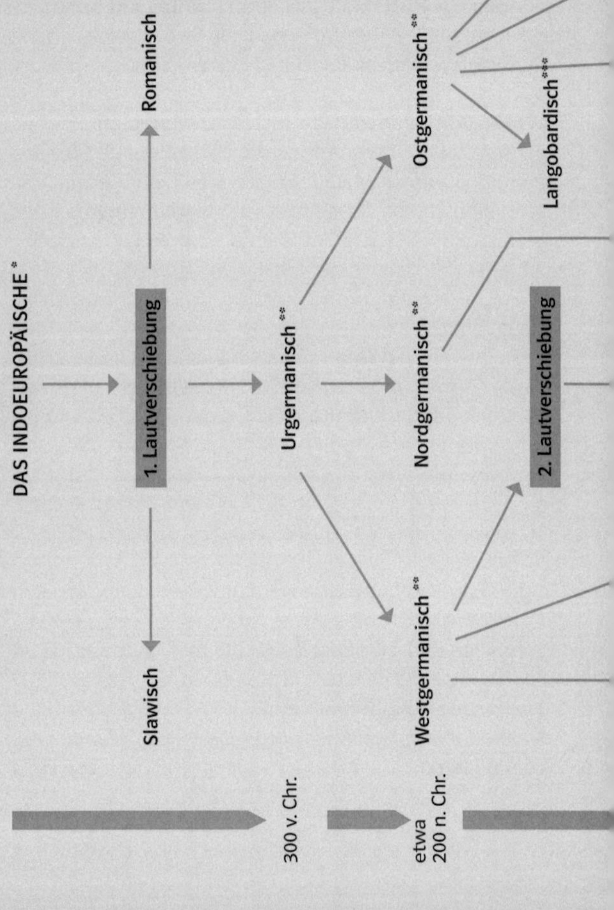

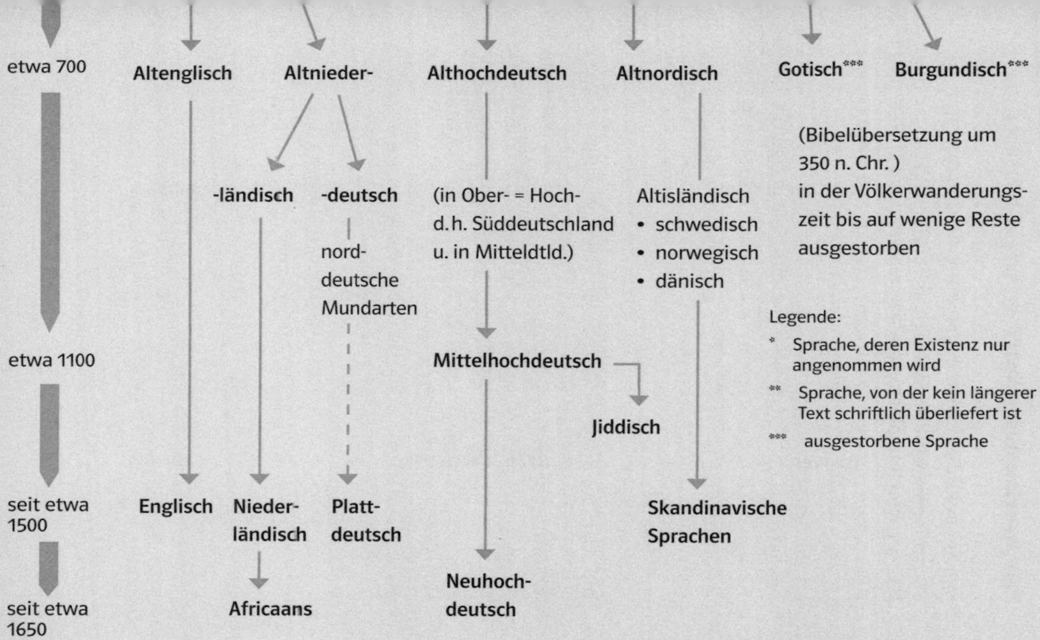

Legende:

* Sprache, deren Existenz nur angenommen wird

** Sprache, von der kein längerer Text schriftlich überliefert ist

*** ausgestorbene Sprache

TENDENZEN DER DEUTSCHEN GEGENWARTSSPRACHE Die deutsche Gegenwartssprache ist ständigen Veränderungen unterworfen. Dies liegt an den gesellschaftlichen, politischen und wirtschaftlichen Veränderungen, an der Globalisierung auch der Sprache (man denke nur an den Wortschatz aus dem IT-Bereich), aber auch an der explosionsartigen Zunahme der Massenkommunikationsmittel wie dem Internet.

Wichtige Trends des derzeitigen Sprachwandels:

- Ablösung des Genitivs durch den Dativ („Der Dativ ist dem Genitiv sein Tod“)
- Schwache Flexion von starken Verben („backte“ statt „buk“)
- Ersetzung des Konjunktivs durch den Indikativ oder Umschreibung mit „würde“ („Er sagte, er geht/würde gehen“ statt „er ginge“)
- Pluralbildung mit „s“ bei Abkürzungen („PKWs“)
- Zunahme von Abkürzungen und Kurzwortbildung bei gebräuchlichen Begriffen oder häufigen Wendungen im Internet bzw. bei SMS (ISDN, Demo, Perso = Personalausweis, hdl = hab dich lieb)
- Zunahme von Nominalisierungen (sog. Amtsdeutsch)
- Wortneuschöpfungen durch die Werbung („Frühbucherrabatt“)

Sprachvarianten

QUICK-FINDER

Hochsprache / Standardsprache

DEFINITION Hochsprache ist die Schriftsprache, deren Norm standardisiert ist. Deshalb verwendet man heutzutage gleichbedeutend den Begriff Standardsprache. Diese Sprachform verwendet man, wenn man öffentlich auftritt oder Briefe an Ämter schreibt. Auch sachliche Texte, z. B. in der Zeitung, sind meist in Hoch- bzw. Standardsprache abgefasst.

HERAUSBILDUNG DER HOCHSPRACHE Die ersten Anfänge einer deutschen Hochsprache gehen auf Martin Luther zurück. Um eine für alle verständliche Bibelübersetzung zu leisten, bediente er sich der Sächsischen Kanzleisprache und prägte damit vorübergehend die deutsche Sprache.
Durch die Wirren des Dreißigjährigen Kriegs und die ausländischen Einflüsse geriet dieser Ansatz wieder in den Hintergrund, sodass es im 17. Jh. wieder verschiedene regionale Ausprägungen der deutschen Schriftsprache gab. Neue Normierungsversuche gab es im Barock durch die entstehenden Sprachgesellschaften. Sie setzten sich vor allem für eine „Reinigung" der Sprache von fremdsprachlichen Elementen ein (Sprachpurismus). Folgende Änderungen schlugen sie u. a. vor: Anschrift (für Adresse), Mundart (für Dialekt), Wahlspruch (für Devise), Verfasser (für Autor). Ihr noch heute bekanntester Vertreter Philipp von Zesen schoss aber über das Ziel hinaus, indem er Fieber durch Zitterweh und Nase durch Gesichtserker ersetzen wollte.
Eine wichtige Rolle für die Herausbildung einer deutschen Standardsprache spielte die Literatur des 18. Jh. Die Dichter des Sturm und Drang und der Klassik wur-

den normbildend in Bezug auf Wortwahl und Stil. Als Ende des 18. Jh. die deutsche Literatur europäische Bedeutung erlangt hatte, war auch die Sprache Goethes, Schillers und Lessings als Standardsprache weitgehend akzeptiert, was sich auch auf andere Publikationen, z. B. auf die wissenschaftliche Literatur und Zeitungen, die immer weiter verbreitet wurden, auswirkte.
Im 19. Jh. wurde die Standardsprache über den Schulunterricht einer breiten Bevölkerung zugänglich. Der 1885 gegründete Allgemeine Deutsche Sprachverein kümmerte sich gleichermaßen um Sprachpflege, Sprachreinigung und Nationalbewusstsein und beeinflusste, da viele Mitglieder Lehrer und Beamte waren, die Sprache der Behörden und der Verwaltung. Da die orthographische Einheitlichkeit immer dringlicher schien, griff zum ersten Mal der Staat regelnd ein. Konferenzen wurden abgehalten, das Ergebnis war das „Orthographische Wörterbuch" Konrad Dudens (1880). Dieses galt – in immer neuen Auflagen – bis ins 21. Jh. als letzte Instanz in Zweifelsfällen der deutschen Sprache.

Umgangssprache

DEFINITION Umgangssprache ist eine vorwiegend gesprochene Sprachform, die zwischen Dialekt und Standardsprache angesiedelt ist. Sie wird auch als Alltagssprache bezeichnet. Die Umgangssprache weicht insbesondere im Wortschatz und in den Grammatikregeln von der Standardsprache ab.

REGIONALE UMGANGSSPRACHE Jede Umgangssprache zeigt regionale Färbungen. Diese betreffen die Intonation, die regionale Färbung der Aussprache sowie geografisch bedingte Begriffsunterschiede (z. B. *Metzger/Fleischer, Kartoffelpuffer/Reiberdatschi*).

Dialekt

DEFINITION Unter Dialekt oder Mundart versteht man die gemeinsame Sprachform in einem geografischen Gebiet, die von der Standard- bzw. Hochsprache in Satzbau, Wortwahl, Grammatik und Aussprache abweicht.

KENNZEICHEN Der Dialekt ist von Region zu Region unterschiedlich. Sagt man in Süddeutschland „Bub“ oder „Bua“, spricht man im Norden vom „Jungen“. Das Bayerische kennt weder das Präteritum noch das stimmhafte s im Anlaut, im Berlinerischen wird nicht zwischen dem Dativ und dem Akkusativ unterschieden.

LEISTUNGEN Der Dialekt ist oft vielfältiger als die vereinheitlichte Hochsprache. Er ermöglicht dem Dialektsprecher häufig ausgeprägter als die Standardsprache die Äußerung von Gefühlsregungen und wirkt deshalb in manchen Situationen authentischer.

Soziolekt / Sondersprachen

LEISTUNG Sondersprachen dienen dazu, die Zusammengehörigkeit einer bestimmten Gruppe der Gesellschaft zu demonstrieren und diese damit von anderen abzugrenzen. Zu den Sondersprachen gehören:

GEHEIMSPRACHEN, die kaum ein Außenstehender versteht, z. B. das Rotwelsch, die Sprache der Landfahrer, sowie verschiedene Gaunersprachen,

GRUPPENSPRACHEN, die die Zugehörigkeit zu einer besonderen Bevölkerungsgruppe anzeigen, z. B. die Jugendsprache, die Jugendliche verwenden, wenn sie unter ihresgleichen sind. Dabei herrscht in den verschiedenen Gruppierungen und Milieus ein jeweils unterschiedlicher Wortschatz vor, der häufig den jeweiligen Moden der Zeit Rechnung trägt und derzeit häufig aus dem Englischen entlehnt ist (z. B. *chillen, raven*). Jugendsprache wird gesprochen, selten geschrieben; sie ist nur bedingt literaturfähig und veraltet schnell.

Fachsprache

BEDEUTUNG Die Fachsprache zeigt an, dass es in den verschiedenen Bereichen unserer Gesellschaft einen hohen Grad an Spezialisierung gibt. Fachleute der verschiedenen Berufe oder Disziplinen verständigen sich in ihrer jeweiligen Fachsprache, da sie sich damit besonders präzis ausdrücken können. Fachsprache unterscheidet sich besonders durch ihren Wortschatz von der Hochsprache.

VERWENDUNG Fachsprache wird auch in Sachtexten verwendet, um möglichst genaue Informationen geben zu können.

BEISPIELE Juristensprache, medizinische Fachsprache, Computersprache, Sprache des Sports oder der Popmusik, Jägersprache.

Register